엄마에게서 벗어나 나를 찾을 때까지

목표 ③

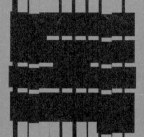

: 행복으로 가는 길

글 · 그림

라라

Contents

안녕하세요! 쓰쓰미입니다.

먼저 이 책을 선택해 주신 여러분께 감사의 말씀을 드립니다.

어느덧 『독친』의 마지막 이야기네요.

신혼집에서 즐겁게 살고 있습니다.

남편과 두 살배기 아들까지. 이렇게 셋이서

상상조차 못 했습니다.

제가 가정을 이루고 행복하게 살리라고는

저는
고등학생
때까지
엄마와 둘이
살았습니다.

중학생 때는
자살을
시도할 정도로
벼랑 끝에
몰려
있었습니다.

잠이 잘 오는
불면증을 위한 수면유도제

어린
시절부터
엄마에게
폭언과
폭력 등의
학대를
받으며
자랐고

철썩

그러나
폭언이나
지나친 간섭은
끊이지
않았습니다.

그러다
어느 순간,
엄마는
힘으로 저를
이길 수
없다고
생각했는지
체벌을
멈췄습니다.

퍽

사회에 나와 엄마와 연을 끊기까지의 과정을 모두 솔직하게 담았습니다.

고등학교 때부터 대학생이 된 이후, 그리고

마지막 이야기니 만큼

또한 책에서만 볼 수 있는 이야기를

100페이지 이상 그려 넣었습니다.

재미있게 읽어 주시면 좋겠습니다.

독친 밑에서 자란 나는 어떻게 살아가야 할까…

독친으로부터 벗어날 수 있을까, 어떻게 벗어나면 좋을까?

저는 만화를 포기하지 않고 그려 오면서 제 인생을 다시 돌아볼 수 있었습니다.

그럼 본격적인 이야기로 들어가겠습니다!

이 책이 여러분께 조금이나마 참고가 되면 좋겠습니다.

제1장
학창시절

고등학교에 들어가면서 나는 엄마보다 힘이 세졌다.
비로소 엄마의 신체적 폭력에서 벗어날 수 있었지만,
정신적인 지배로부터는 벗어나지 못했다.
대학교 기숙사에 들어가면서 엄마와 떨어져 살게 된 이후로도 말이다.

축

제 준 비

고등학교 3학년 때

학교 축제에서 연극의 배경화를 담당하는 리더를 맡게 되었다.

준비를 하기 위해 토요일에도 학교에서 모이기로 했다.

시간은 문자로 알려줄게~

네~

OK~

토요일

슬슬 가 볼까~

야,

내가 이렇게 몸도 안 좋은데 어딜 가는 거야?

감기에 걸린 엄마

확

…축제 준비가 있어서 학교 가려고.

거짓말까지 하는 걸 보니 아주 죽고 못 사나 보네.

축제는 무슨. 남자친구 만나러 가는 거겠지.

8

그 문자도
거짓말이지?

거짓말
아니야.

나 보여주려고
미리 만들었겠지.
아주 치밀하기
짝이 없네.

봐,
문자에도
오늘 10시에
집합이라고
적혀 있잖아.

침착하게
설명하면
괜찮을
거야…
괜찮아…

내가
안 가면
준비를
제대로
못 한다고!

진짜야!
거짓말
아니라고!

거짓말
아니야…

내가 아픈데
남자친구를
만나러 가?
절대 안 돼.

할아버지 집이나
남자친구 집에 갈 생각은
하지도 마.
내가 미리 전화해서
못 가게 할 거니까.

행사를
선택할 거면
이 집에서
당장 나가.

너는
학교 행사랑
부모 중에
뭐가
더 중요해?

혼자 살 수 있으면, 학교든 남자친구 집이든 어디 한번 가 봐.

어서 가세요~

네가 이렇게 부족한 거 하나 없이 생활할 수 있는 것도 다 내 덕분이라는 거 몰라?

너, 이 집에서 나가면 혼자 살 수 있어?

함께 축제 준비를 하고 싶은 것뿐인데…

난 그저 학교에 가서

…왜 이야기가 이렇게 흘러가는 거야?

돌아오고 나서 엄마한테 또 무슨 일을 당할지 두려워….

그리고 무엇보다

지금 나가면 집에 돌아왔을 때 문도 안 열어 주겠지?

엄마가 정말 할아버지나 남자친구한테 전화할 것 같진 않지만…

휙

다음주

토요일에 갑자기 빠지게 돼서 정말 미안해 …

다른 아이들한테도 도와달라고 해서 빨리 진행하자!

응…

괜찮아.

그날 하루종일 나는 죄책감에 시달렸다.

결국, 고민 끝에 학교에 가는 것을 포기했다.

오늘 못 가게 돼서 미안해…

축제 자체는 성공적으로 끝났지만, 가슴의 답답함은 사라지지 않았다.

친구들을 보고 있으면 나만 뒤처져 있는 듯한 기분이 들었다. 엄마의 속박 속에서 자란 나와는 다르게, 모두 한 걸음씩 앞으로 나아가고 있었다.

다들 나한테 화도 나고, 불신도 생겼을 텐데. 내색하지도 않고 해야 할 일에만 집중하다니….

하지만 울분을 해소할 방법을 잃어버린 엄마는 금세라도 폭발할 것만 같았다.

더 이상 신체적인 폭력을 가하지 않았다.

엄마는 나에게 밀쳐진 이후부터

※ 1권 참고

…나한테 그런 돈이 어디 있어.

또 돈 이야기네…

야, 내가 지금까지 너한테 들인 돈 전부 갚아! 너 때문에 생활이 어렵잖아!

어느 날

그러면 학교 그만두고 일이라도 하든가!

빠직

학교 그만둔다고 하면 할아버지가 가만히 안 계실 걸?

12

내가 그냥 해본 소린 줄 알았어?

꾹

하지 마!

진짜 거는 거야 …?

타 악

하아아

하아아

뭘 꾸물대.

빨리 안 쓰면 이번엔 진짜 전화 건다.

'만약 갚지 않을 경우 학교를 그만두고, 남자친구와도 헤어지겠습니다.'

'나 쓰쓰미는 엄마에게 1천만 엔을 갚겠습니다.'

바들

바들

토씨 하나 틀리지 말고 그대로 써.

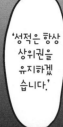

'성적은 항상 상위권을 유지하겠습니다.'

'엄마와 할아버지가 납득할 만한 직업을 선택하겠습니다.'

'엄마의 노후를 책임지겠습니다.'

'엄마에게 대드는 행동은 하지 않겠습니다.'

그래, 이참에 다른 것도 각서로 남겨야겠다.

지장을 찍으면 평생 엄마한테서 벗어날 수 없…다니.

찍는 순간 너는 죽을 때까지 이 각서에서 도망칠 수 없는 거야.

너는 아직 인감이 없으니까 대신 지장을 찍어.

나는 떨리는 손으로 지장을 찍었다.

평생 나를 쫓아다니겠지.

찍어야해.

찍어야해.

벗어날 수 없어.

하지만 찍지 않으면 고소당하겠지?

싫어.

찍고 싶지 않아.

평생 이렇게 살아야 한다고?

15

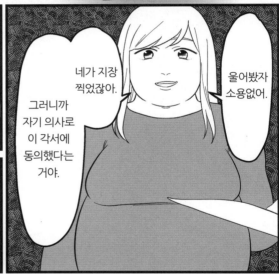

하지만

돈은?
아직 준비
안 됐어?

그래도
하루가 지나면
엄마의 마음도
누그러져
없던 일이
될 수도 있다고
기대하며
집으로
돌아갔다.

다음 날
아침,
일어나 보니
거실에 있는
메모판에
각서가 붙어
있었다.

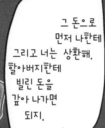

그럼, 나는 바로
돈을 받을 수 있고
너는 천천히
상환할 수 있고.

그 돈으로
먼저 나한테
그리고 너는 상환해.
할아버지한테
빌린 돈을
갚아 나가면
되지.

하루 만에
어떻게
마련해….

할아버지한테
1천만 엔
빌리면 되잖아.

할아버지가
돈을
마련하는 데
일주일 정도
걸린다고
거짓말을
했다.

엄마의
말에
집을 뛰쳐
나왔지만
할아버지
댁으로
가지
않았다.

어때, 좋은
생각이지?

당장 가서
돈 빌려 와!

이날 내가 엄마에게 얼마나 지배당하고 있는지를 뼛속 깊이 실감했다.

엄마의 체벌이 없어져서 내가 강해진 줄 알았는데...

오히려 정반대였어.

내가 각서 위에 다른 서류를 덮어두어도 엄마는 눈치채지 못했다.

내가 정신적으로 힘들어지는 한편, 엄마가 각서 이야기를 꺼내는 횟수는 차츰 줄어들었다.

엄마라면 진저리가 났고, 엄마에 대한 증오는 점점 커져만 갔다.

역시... 시간이 지나면 잊어버리는구나....

이렇게 나를 벼랑으로 몰아놓고 정작 자신은 쉽게 잊어버리다니, 절대 용서 못 해.

B군의 마음

그런 용기에 힘입어 B군에게 우리집 이야기를 털어놓기로 결심했다.

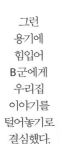

독친 밑에서 자랐다 해도 나는 혼자가 아니었다.

그로부터 얼마 후, 나에게는 B군이라는 남자친구가 생겼다.

저, 정말?

말하는 것만으로도 네 마음이 편해진다면 언제든지 나한테 이야기해도 괜찮아.

그랬구나….

그럼!

하지만 이렇게 말해줘서 고마워! 정말 다행이야!

사실 조금 놀라기는 했어. 쓰쓰미 너는 평소에 네 이야기를 잘 안 하고 싶어하니까.

이젠 정말 지긋지긋해. 이 집에서 나가고 싶어….

그런데 어느 날, 내가 울면서 이야기를 하자

그날 이후 나는 B군에게 엄마와 있었던 일을 말하기 시작했다.

…
응?

안 된다는 거, 너도 알잖아 ….

경찰서 같은 곳에 신고해서 집에서 나가면 어때?

…그렇게 많이 힘들면

엄마한테서 절대로 절대로 벗어나지 못할 거야…!

엄마 말을 거역하는 게 무서워…

나도 엄마가 무서워서 그 이야기에 동조하게 되면…?

아동상담소 사람이나 경찰이 와도 엄마가 아무 일 없다는 듯이 말하고,

전화한 걸 들켜서 엄마한테 더 심한 일을 당하면 어떡해…?

이제는 듣는 나까지 괴로워…

조금은 네 마음이 편해지기를 바랐어. 그래서 지금까지 이야기를 들어왔는데

쓰쓰미, 미안해 ….

후우

일단
침착하자
….

내 이야기
때문에
힘들어하고
있었다니….

…미처
생각하지
못했어.

그러니까
네가 빨리
도망쳤으면
좋겠어.

아무것도
할 수 없는
나 자신한테
죄책감을
느껴.

집으로
돌아가면
학대는 더
심해지겠지.

하지만 다시
집으로
돌려보내질
가능성도
있을 테고.

나는
미성년자니까
아동상담소
같은 곳에
들어가게
될 거야….

…지금
도망치면,

결국 그걸
감당해야
하는 건
나 자신이야…

도망으로 인해
많은 것을
잃게 되겠지.

벌벌
떨면서
살게 될
거야.

언제 어디서
엄마를
만날지
모른다는
생각에

성인이
될 때까지
시설에
있을 수
있다고 해도

그때는
경찰에
신고하는 걸
도와줬으면
좋겠어.

각오가 생기면
너한테 말할게.

하지만

나는
B군에게
이야기를
하면서
내 마음을
정리할 수
있었다.

나한텐 아직
그런 각오가
없으니까
도망칠 수
없는

...
걸지도
몰라.

그리고
그날 이후
엄마에 관한
이야기도
차츰
하지 않게
되었다.

하지만 나는
각오가
생기더라도
B군에게 말할
생각은 없었다.

응!

알겠어!
언제든지
말해 줘!

엄마 이야기로 인해
B군이
괴로워하지 않도록,
또 그로 인해
나 역시도
괴로워지지 않도록.

B군에게는
엄마와의
관계가
좋아졌다고
거짓말을
했다.

싸늘한 시선

으윽!

괴, 괴로워…!

어느 날,
여느 때처럼
갑자기 폭발한
엄마가 마구
소리를 지르며
내게 물건을
집어던졌다.

팍!!

괴로워…

사, 살려줘…!

하지만
이 날,
엄마의
모습은
평소와는
달랐다.

아…
저놈의 꾀병
또 시작이네.

허억

허억

허억

뭐?

구, 구급차?

꾀병이
아닌가?

쓰쓰…미.

구급차…
불러 줘…!

...
만약,

·
·
·
·
·
·
·
·

엄마는
죽게
될까?

어떻게
될까?

이대로
구급차를
부르지
않는다면

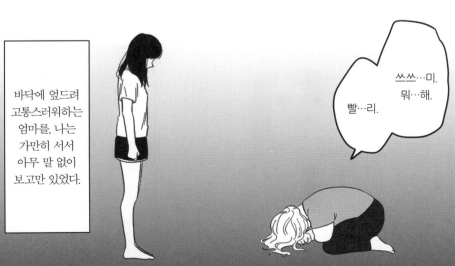

바닥에 엎드려
고통스러워하는
엄마를, 나는
가만히 서서
아무 말 없이
보고만 있었다.

쓰쓰...미.
뭐...해.
빨...리.

번뜩

…조금 괜찮아진 것 같아.

얼마 지나자, 엄마는 몸이 괜찮아졌고…

움찔

너 왜 구급차 안 불렀어?

쓰쓰미!

깜짝 놀라서…

…깜,

⋯⋯⋯⋯

27

엄마
편이니까.

나는 무슨
일이 있어도

이제 쓰쓰미가
엄마 지켜 줄게.

순수했던
그 시절의
내가 사라져
가는 것을
느꼈다.

약속을
지키지 못해서
미안해.

옛날부터 엄마는
교사를 권했고,
나도 엄마의 기분을
맞추기 위해
교사가 되고 싶다고
거짓말을 했다.

나는
졸업 후
진로에
대해
고민하고
있었다.

시간은
흘러
고등학교
3학년
여름.

아무리
찾아도
내가 하고
싶은 것을
찾을 수
없었고

하지만

엄마와 할아버지에게
교사 이외의 진로를
설득해 보고,
그걸 인정받고 싶었다.
그러면 그동안
휘둘리기만 했던
내 인생에도 종지부를
찍을 수 있지 않을까?
적어도 나는
그런 기대를 했다.

하지만
이대로 가면
내 인생을
살 수 없다.

엄마에게
대학교
자료를
보여
주었지만

31

지쳐버린 나는 교육학부가 있는 대학을 찾아 보기로 했다.

… 교육학부가 있는 곳을 찾아볼게.

엄마도 교사가 되라고 나를 압박하고 있다.

교사가 돼서 나를 무시한 사람들한테 복수해 줘!

정말로 내가 하고 싶은 일 같은 건 보이지 않는다.

기숙사가 있어서 엄마와 할아버지의 허락을 받을 수 있었다.

여기라면 괜찮겠구나.

그 학교는 초등학교 교사 면허를 취득할 수 있고, 학비가 저렴할뿐 아니라

○○전문대

나는 나보다 한 살 많은 사촌인 이모의 딸이 다니고 있는 전문대 진학을 제안했다.

그리고 할아버지 댁에서 내 진로에 대한 의견이 오고 갔다.

나는 조금이라도 엄마의 속박에서 벗어나고 싶었기에 이 진로를 선택한 건 나 자신이라고 스스로 되뇌었다.

그러니까 앞으로 실패하거나 좌절해도, 엄마가 시키는 대로 했기 때문이라고 생각하지 않아도 될 거야.

허락을 한 건 엄마와 할아버지지만, 학교를 선택한 건 나야….

자기 딸 보다 머리가 좋다고 발을 동동 구르겠지?

네 이모는 자존심이 세니까 네가 교사가 되면,

네 사촌은 보육교사가 되고 싶어서 이 대학에 들어갔대.

무사히 대학에 합격할 수 있었다.

그 후 바로 수험 준비와 장학금 신청을 했고

합격통지서

응음

합격해서 다행이네.

그리고

학부는 달랐지만, 친구 A도 같은 대학에 입학하게 되었다.

또 같이 다닐 수 있게 됐네!

잘 됐다!

결국 엄마는 자기만 생각 하는구나…

아직도 저런 말을 하는 엄마에게 나는 진저리가 났다.

이모는 신경도 안 쓸 텐데

기숙사에 들어가면 너희 엄마도 마음대로 접근 못할 거고, 어떻게 보면 자취하는 것보다 안전하지 않아?

근데 쓰쓰미, 너는 기숙사 들어갈 거지?

그러다 파산 하겠다!

혹시 주소를 들키면 그때마다 이사하면 되지!

그럼, 졸업하면서 행방을 감춰 버려!

…하지만 대학 졸업하고 나면 엄마가 같이 살자고 할까 봐 불안해….

맞아!

잠적 하라고?!

조금은 긍정적인 마음을 가지게 되었다.

밝게 생각하는 편이 인생에 즐거움을 가져다 줄 지도 모른다고,

알 수 없는 앞날을 두려워하는 것보다

정말로 행방을 감추려는 생각은 없었지만

교사라는 꿈을 가진 사람들 속에서 잘해 나갈 수 있을지 불안한 마음도 있었지만,

고등학교 졸업 후, 드디어 기숙사에 들어갔고 새로운 생활이 시작되었다.

나는 엄마와 떨어져 생활한다는 것에 대한 행복을 만끽했다.

평범한 생활이란 이렇게 행복한 거구나….

갑자기 마구 혼이 나거나 폭언을 듣지 않아도 돼.

더 이상 엄마의 기분에 휘둘릴 일도 없고,

기숙사 최고다~~!

답장을 늦게 하면 혼이 났기 때문에 항상 마음이 초조했다.

게다가 기숙사에 들어온 뒤로는 엄마의 연락 횟수가 늘었고

…하는 불안이 때때로 찾아왔다.

정말 내가 이렇게 행복해도 되는 걸까?

하지만 한편으론 지금까지의 생활과 큰 차이가 느껴져

힘들었지만 즐거웠어~♪

과제 다 끝났다~

달칵

그러던 어느 날, 휴대전화를 방에 놓아둔 채 같은 기숙사 친구의 방에서 함께 과제를 하고 있을 때의 일이었다.

…헉!

겨우 두 시간밖에 안 지났는데?

30개 넘게 와 있잖아…!

엄마

엄마 왜전화 안 받아?!

전화 받아!!!!

무시하는 거야?!!!

지금 남자 만나고 있지?!

이래서 네가 나랑 떨어져 산다고 했을 때 반대한 거야!

엄마한테서 부재중 통화랑 LINE이

…무, 무슨 일이세요?

쓰쓰미 학생! 쓰쓰미 학생!

며칠 전부터 딸이 계속 어머니 전화를 무시한다고 하시더군요!

아까 어머니한테서 전화가 왔어요.

사, 사감 선생님…?

항상 딸한테 매정한 취급을 당한다고…

어머니한테 다 들었어요.

훤히 들여다보이는 거짓말 말아요.

조금 전까지 두 시간 정도 친구랑 과제하고 있었어요.

그 전까지는 연락 잘 드렸는걸요?

어머니한테 그게 무슨 태도죠?

엄마는 자신에게 유리한 방향으로 사실을 왜곡해 사감 선생님에게 이야기함으로써 나를 괴롭혔다.

탕

… 죄송 합니다.

앞으로 또 부모님 연락을 무시하는 일이 생기면 기숙사에서 퇴실시키겠어요!

38

하지만
혼자 살고 있을
엄마의 심경을
생각하면
차마 연락을 완전히
무시할 수는 없었다.

엄마는 항상
급하지도 않은 내용의
전화를 걸어 와서는
조금이라도
답장을 늦게 하면
화를 내고는 했다.

난 진작부터
너네 오래
못 갈 줄
알았다니까!

왜, 왜?
누가 먼저
헤어지자고
한 건데?

뭐어?
헤어졌어?

한편 B군과는
대학에 들어온 뒤
장거리 연애를 하게 되면서
자연스레 마음도 멀어졌고,
결국 헤어지게 되었다.
엄마에게 B군과
헤어졌다는 사실을 알렸다.

앞으로는
사귀는 사람이
생겨도 말하지
말아야지…

그러나
한편으로는
엄마의 간섭을
받을 요소가
하나 줄었다는
사실에
안도했다.

어째서
이 사람은
이토록
기뻐하는
걸까?

너 같이
못생긴 애를
고용하다니,
어지간히
사람 구하기
힘든가 보네.

너~ 내가
예쁘다고
말해주기를
바라고
있었지?

후훗.
농담이야
농담.
너 예뻐!

그해
5월부터
호프집에서
아르바이트를
시작했다.

엄마는
나에게
상처
입히는
것을
즐겼다.

아르바이트
소식은
사감
선생님을
통해
엄마의 귀에
들어갔다.

으으
으...!

엄마

사감 선생님한테서
너 아르바이트한다고 들었어.

이 여우 같은
사감 선생님…!

뭐지
?

으, 응
….

다음 주 토요일에
내가 그쪽으로 갈 테니까
오랜만에 얼굴이나 보자.

그런
엄마가,

나는
그렇게
긍정적으로
생각했다.

그렇다면
이건
엄마와의
관계를
회복할
기회야.

어쩌면
나와
가까워
지려고
노력하는
걸지도
몰라.

엄마가
먼저
그런 말을
꺼냈다는
사실에
놀랐다.

약속 시간보다 두 시간이나 늦게 나타난 엄마와 점심을 먹으러 갔다.

엄청 기다렸거든!

아니야.

많이 기다렸어?

그리고 토요일

아르바이트 하는 데서는 술도 만들고 그래? 나 술집 나갔을 때 생각난다.

어렵게 들어갔는데 즐겁게 지내야지~

나는 엄마의 기분을 해치지 않으려고 긴장한 상태였다.

엄마는 의외로 즐거워 보였다.

응…

어?

학교 생활은 즐거워?

엄마 마음속에 나에 대한 애정이 있기는 했구나, 하는 복잡한 감정이 교차했다.

나한테 그렇게 심한 짓을 해놓고 뻔뻔하게도 행복하다는 말이 나오네… 하는 마음과

진짜 행복했는데… 그때로 돌아가고 싶다.

우리 둘이서 아파트에서 살던 때 기억해?

2200엔입니다.

이제는 새로운 나와 새로운 엄마로, 관계를 쌓아 나가고 싶어.

나는 그때로 돌아가고 싶지 않아.

앗 죄송 해요.

제가 낼게요!

샥

힐끔

응?

엄마 미안! 내가 먹은 건 내가 낼게. 얼마 였지?

감사 합니다!

저 눈빛은 내가 먹은 건 알아서 내라는 뜻이었나?

앗...

…응?

뭐가 응이야!

아르바이트해서 처음 돈 벌었으면 부모한테 대접해야겠다는 생각 안 들어? 너는 어떻게 너밖에 모르니!

내가 먹은 건?!

네 것만 낸다고?

그럼 가게 돌아다닐 필요도 없잖아?

뭐야. 그러면 옷이나 액세서리 선물도 없겠네?

다음 달에 사주려고 생각하고 있었어.

첫 달이라 월급이 적어서

미, 미안…

그날은 그렇게 엄마와 헤어졌다.

하지만, 아르바이트비로 효도를 하는 건 당연하니까… 그런 식으로 생각하면 안 되겠지?

혹시 나한테 돈을 내게 하는 게 목적이었어? 그래서 얼굴 보자고 부른 거야?

돈 하나로 엄마를 나쁘게 단정 지을 수는 없지.

나는 되도록 긍정적으로 생각하려고 했다.

어서 오세요!

하지만 엄마가 학교생활 즐겁게 보내라고도 말해줬잖아. 지금까지 그런 말한 적 없었는데….

지난번에는 돈을 내게 하려고 부른 건가?

쓰쓰미 씨 웃는 얼굴 보기 좋다고 말씀하시는 손님들도 꽤 있고.

일도 잘 하고 메뉴도 능숙하게 권하니까 손님들이 더 많이 주문 하시더라.

쓰쓰미 씨, 요새 자주 나오게 됐지?

쓰쓰미 씨가 성실하고 열심히 하니까

이렇게 많은 사람한테서 좋은 평가를 받는 거야.

진짜?

정말요? 그런 말 여태 한 번도 들은 적 없어요….

하지만
나를 인정해 주는
사람들과 만나며 조금씩
자기긍정감이 커져갔다.

감사합니다!

지금까지
살아오면서
내 노력에 대해
제대로 된
평가를 받아볼
기회는
거의 없었다.

웃는
얼굴이
참 예쁘
네요~

게다가
친절하고!

그래서
마음속
어딘가에
나는
무능한
사람이라는
생각이
있었다.

주변 사람들
덕분에 조금씩
긍정적으로
바뀌어갔다.

내가 있을 곳은
많이 있구나!

…응?

학대를 받은 아이는 항상 부모의 눈치를 살핍니다.

대학에서 아동에 관한 심리학 강의를 수강하고 있을 때의 일이다.

아, 잠깐. 이건…

그 상태에서 학대가 계속 이어지면, 자신은 무엇을 해도 안 되는 사람이라고 무기력감을 느끼게 됩니다.

아무리 노력해도 인정을 받지 못하죠.

아이는 부모에게 인정받기 위해 노력하지만,

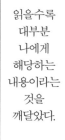

읽을수록 대부분 나에게 해당하는 내용이라는 것을 깨달았다.

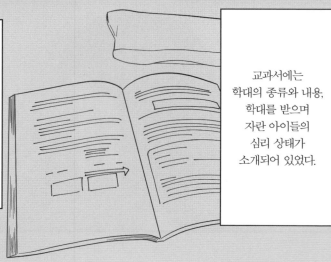

교과서에는 학대의 종류와 내용, 학대를 받으며 자란 아이들의 심리 상태가 소개되어 있었다.

'훈육은 가정에 맡겨야 한다'
'아이는 부모의 소유물이다'
'부모라면 누구나 자기 아이를 예뻐할 것이다'

그런 세간의 풍조나 믿음 때문에 학대 발견이
늦어지거나 학대 사실이 밝혀지지 않기도 한다.

나는 더 자세히 알고 싶어서 학교 도서관에서 학대 관련 도서를 찾아보았다.

만약 규정을 지키지 않더라도 벌칙※과 같은 것이 없기 때문에 통고의 실효성은 매우 낮아진다.

아동복지법에서는 학대를 발견한 경우 복지사무소나 아동상담소에 통고해야 한다는 규정이 있지만,

※ 우리나라는 아동학대 신고의무자가 학대 사실을 알고도 신고
하지 않을 경우, 아동학대처벌법에 의거해 과태료가 부과됨

엄마가 주변 사람들한테는 좋은 얼굴을 하고, 내가 잘 숨겼기 때문이라고만 생각했는데…

나에 대한 학대를 주변에서 눈치채지 못했던 건

학대의 배경을 알아갈 때마다 내 안의 인식이 변해가고 있음을 느꼈다.

한편, 학대 문제에 대해 배워감과 동시에 외면하고 싶은 내용도 알게 되었다.

사회 전체가 변할 필요성이 있는지도 몰라.

학대는 부모와 자녀 사이의 문제라고만 생각했는데,

풍조나 믿음 때문에 학대를 발견하지 못하기도 하고, 다른 가정에 개입할 수 없어서 발견하지 못한 척을 하기도 하는구나.

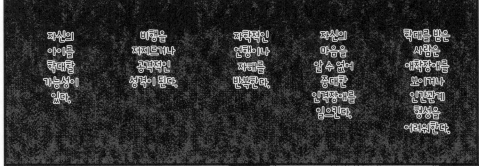

자신의 아이를 학대할 가능성이 있다.

비행을 저지르거나 공격적인 성격이 된다.

자학적인 언행이나 자해를 반복한다.

자신의 마음을 알 수 없어 중대한 인격장애를 일으킨다.

학대를 받은 사람은 애착장애를 보이거나 인간관계 형성을 어려워한다.

나도 이렇게 되어버리는 걸까? 벌써 이런 상태일지도 몰라…

너무 두려워….

마치 이런 말을 듣는 것 같아 가슴이 답답해 졌다.

하아 …

하아 …

너도 언젠가 이렇게 될 거야.

하아 …

항상 부모의 눈치를 살피면서 좋은 관계를 구축하려고 하다니,

그런 건 건강한 부모자식 관계가 아니야.

나는 학대에 관한 다양한 책을 읽으며 눈을 뜨게 되었다.

하지만 이제 알게 되었으니까, 지금이라도 대책을 세울 수 있을지 몰라.

지금의 엄마와는 아무리 애를 써도 관계를 회복할 수 없어….

조금 거리를 두자.

엄마는 자신의 잘못된 점을 알고 있을까?

나는 나대로 변하려고 노력하는데 엄마는 어떨까?

그렇게 긍정적인 마음을 가지게 되었다.

생각하기 나름이야, 내 인생에 의미 없는 일은 없어.

엄마와 할아버지가 시키는 대로 교육이라는 진로를 선택했지만, 그 덕분에 많은 것을 깨닫고 배우게 되었다.

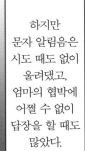

하지만 문자 알림음은 시도 때도 없이 울려댔고, 엄마의 협박에 어쩔 수 없이 답장을 할 때도 많았다.

의심을 받지 않도록 답장하는 간격을 조심스럽게 늘려갔다.

나는 엄마의 연락에 몇십 분, 몇 시간, 며칠… 이렇게

엄마는 A에게 "쓰쓰미와 연락이 안 돼요. 어떻게 지내는지 알아요?"라는 장문의 문자를 수 차례나 보내왔다.

맙소사. A한테까지 연락을 하다니…

뭐어?!

급기야…

A

쓰쓰미, 너희 엄마한테서 연락이 왔는데…

기숙사 친구들과 과자 파티

그러던 어느 날, 나는 같은 기숙사 친구들에게 엄마와의 일로 고민이 있다고 이야기해 보았다.

거리를 두려고 해도 엄마는 관계 없는 사람들까지 끌어들였고, 나는 어떻게 하면 좋을지 고민에 빠졌다.

엄마 만나고 싶지 않아!

아니, 안 가려고.

쓰쓰미, 이번 연휴에 본가 갈 거야?

오, 냉정한데?

그날 이후, 더 이상 친구들에게 집에 관한 이야기를 꾸며서 말하지 않게 되었다.

응.

엄마랑 같이 있으면 정신적으로 괴롭기만 하거든.

나도 그래!

저기, ...쓰쓰미, 혹시 부모님이랑 사이 안 좋아?

친구 D도 나처럼 가정 환경 때문에 힘들어한다는 것을 알았다.

우리 집은 아빠가 알콜릭인데... 폭언을 내뱉거나 물건을 막 부수고 그래.

엄마도 일찌감치 아빠를 포기했고...

쓰쓰미 너는 부모님이랑 얼마나 자주 연락 해?

나는 부모님한테서 연락이 오면 일부러 답장을 빨리 보내.

하지만 지금은 일부러 말을 잘 듣는 척하는 거야.

부모님한테서 벗어날 수 있는 타이밍이 오면 그때는 바로 연을 끊을 생각이거든.

맞아 나도 공감해.

너무 연락이 자주 와!

무시하고 싶은데 솔직히 그것도 어렵고…

안 그래도 그것 때문에 고민하고 있었어!

그렇게 하면 언젠가 나한테 맞는 방식을 찾을 수 있을 거라고 생각했다.

저마다 독친과 관계를 맺는 방식은 다르다. 독친 밑에서 자란 더 많은 사람의 의견을 듣고, 내가 살아갈 방식의 선택지를 늘려 나가자.

이 방식이 안 맞는 사람도 있을 테니까 너한테 도움이 될지는 모르겠지만….

아니야! 많이 참고가 됐어!

어느덧 교육 실습 시기가 찾아 왔고, 나는 모교인 초등학교에서 실습을 하게 되었다.

본가로 가기 전에 먼저 조부모님 댁에 들렀다.

실습 학교를 오가는 거리 때문에 잠시 본가에 돌아와 있기로 했고

드르르륵

교육 실습 때문에 잠깐 와 있는 거야~

쓰쓰미, 아예 집으로 돌아온 거니?

아이쿠, 깜짝이야!

다녀 왔습니다!

할머니~!

어린 시절이 무척 그리워 졌다.

나는 오랜만에 할머니와 이야기 꽃을 피웠고,

잘 먹고 있어~

밥은 잘 챙겨 먹고 다니는 거야?

표준 체중이거든

왜 이리 말랐어?

54

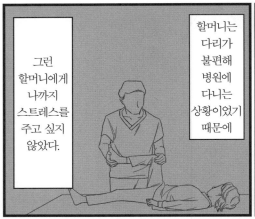

그런 할머니에게 나까지 스트레스를 주고 싶지 않았다.

할머니는 다리가 불편해 병원에 다니는 상황이었기 때문에

지금까지 엄마한테 당한 일들을 할머니에게 털어 놓을까도 고민했지만,

할머니는 나와 엄마의 관계를 눈치채지 못한 걸까?

밥은 할머니가 얼마든지 해 줄 테니까.

집에 돌아가고 싶지 않을 때는 언제든지 여기로 오렴.

쓰쓰미.

할머니의 따스함에 마음 한 편이 조금은 편해졌다.

할머니가 알아주지 않아 마음이 답답 하면서도

그럼… 그 대신, 할머니 오래 살아야 해.

드르르륵

…다녀
왔습니다

할머니가
차려주신
밥을 먹고
난 뒤,
엄마가 있는
본가로
돌아갔다.

모처럼
돌아왔는데,
보자마자
저런 말부터
꺼내다니
…

온몸이
이상해…
굳어버릴 것
같아.

나 같은 건
귀찮은
짐짝이라
이거야?

너, 왜
내 연락
무시해?

어쩜 너는
인간이 점점
매정해지니.

내 몸은
너무나
선명하게
기억하고
있었다.

엄마와 접할
기회가
줄어들면서
머리로는
그것들을 잊고
있었을 뿐,

엄마와 함께
살았을 때
느꼈던
고통과
슬픔…

57

탁···

더 이상
상대하지
말자.

드르르륵

나는
잔소리하는
엄마를
무시하고
내 방으로
들어갔다.

야!

저거
봐라?

실습 시작 전까지
수업 지도안이랑
자료 준비해야 해.
시간 없어.

벌컥!!

너 지금 날
무시하는
거야?!

그딴 식으로
말 돌리는 거,
네 아빠랑
끔찍할 정도로
똑같아!

나를 말로
꺾을 수
있을 것 같지?

그렇게 내가
모르는
단어를
늘어놓으면,

콱!!

드디어 나갔네….

어디서 쓰레기 같은 구석만 쏙 빼닮아가지고.

상대해 봐야 헛수고일 거라고 생각했는데, 역시 예상대로네.

엄마는 아무것도 바뀐 게 없어…

아직도 아빠랑 닮았다고 말하면 내가 상처 입을 거라고 생각하는 모양이지?

출발합니다. 자리에 앉아주세요.

하마터면 놓칠 뻔했다…

실습은 힘들었지만, 아이들이 정말 귀여웠는데.

다음 버스가 막차잖아!

실습 기간이 끝나자마자 다시 기숙사로 돌아갔다.

그렇게 생각하면서, 나는 실습에만 집중했고,

조금씩 다가갈 수 있게 되었고, 아이들이 좋아졌다.

다행히 대학에 들어가 교육 실습이나 이벤트에서 아이들을 접하면서

나는 대학에 들어갈 때까지 아이들을 대하는 게 어려웠다.

사실...

마음 속에는 항상 그런 불안이 가득했다.

이 불행을... 독친을 대물림하게 되지는 않을까?

나는 아이를 키울 수 없어. 제대로 된 가정에서 자라지 못했으니까.

하지만 정작 내 아이를 낳고 싶다는 생각은 할 수 없었다.

나는 그 말을 도저히 잊을 수 없었다.

내가 아이를 낳으면, 언젠가 그 아이가 나를 칼로 찌르게 될 거야.

중학생 시절, 친구가 이런 말을 한 적이 있다.

자신의 아이도 똑같이 자신을 증오할 거라는 생각.

자신이 부모를 이토록 증오하고 있으니까

이 말 한 마디로 나는, 이 아이도 나와 같은 처지라는 것을 확신했다.

자기 부모를 증오하지 않으면 할 수 없는 대사.

'독친 밑에서 자란 아이'라는 사실은 내 미래조차 어둡게 만들어 버리는 저주처럼 느껴졌다.

아이가 나를 증오하게 되는 것도 두렵다.

나는 내 아이를 증오하는 것도,

띠링 띠링

엄마

감히 도망을 쳐?

너, 각오하고 있어라. 다음에 돌아왔을 땐 가만 안 둘 거니까.

어차피 이 연락도 무시하겠지, 이 매정한 년!

구직
활동을
시작했다.

... 여보
세요.

할아버지도
너 진짜
교사가
될 생각이
있는 거냐고
화내셨어!

취직
이라니?
너 교사가
될 수
있기는
한 거야?

일반
사무직을
희망하는
데요…

죽을 각오로
공부해서 내년에는
꼭 선생님이
되겠다고
약속해!

하,
그래
…?

다른
사람들도
이렇게
많이 하고
있어!

그래서,
일반 사무로
일하면서
내년에
또 시험
보려고.

요새는
지역 내
교원채용시험
경쟁률이
치열해서
한 번에 붙기는
어렵대.

그 후, 무사히
취직에 성공했고
엄마가
같이 살자는 말을
꺼내기 전에,
서둘러 혼자 살
집을 구했다.

내 인생을
살아가기
위해
거짓말을
했다.

알겠어.

…네? 꼭… 필요 한가요?

미성년자는 원칙적으로 부모님께서 연대보증인이 되어 주셔야 합니다.

네.

그럼 이 집으로 계약 진행하겠습니다. 쓰쓰미 씨 만 19세 맞으시죠?

찌끈···~

그렇 군요 …

결국 어쩔 수 없이 엄마에게 연대보증인 부탁을 하게 되었다.

부모님께서 연대보증인이 되어 주시는 편이 심사에서 확실히 통과되죠.

미성년이라도 이미 사회인으로서 안정적인 수입이 있으면 통과될 때도 있긴 합니다만… 극히 드물거든요.

꽈악

나도 엄마도 열심히 저축해서 내년에 같이 살 수 있는 집을 찾자. 응?

아, 아니다. 방이 하나니까 둘이 살기엔 좁겠다!

나도 거기서 같이 살까?

역시 이렇게 나올 줄 알았어…

엄마

사회인이 되면 나랑 같이 살겠다고 했잖아?

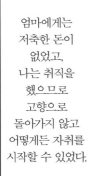

엄마에게는 저축한 돈이 없었고, 나는 취직을 했으므로 고향으로 돌아가지 않고 어떻게든 자취를 시작할 수 있었다.

괜찮아! 빠듯하지만 그 정도 돈은 있어.

마음속으로 춤추고 있음

아무튼 연대보증은 해주겠지만, 이사 비용은 한 푼도 못 보태니까 그렇게 알아!

… 듣고 보니 그러네. 지금은 저축해둔 돈이 없으니까.

그때, 평소 엄마 일로 상담에 응해주던 대학 친구 C가 말을 걸었다.

기운이 없네. 무슨 일 있어?

C야! 있잖아…

사실은

계약금을 지불하고 나니 가구나 가전을 살 돈이 거의 남아 있지 않았다.

하지만 당시, 나는 장학금과 아르바이트비로 생활을 했었기 때문에 지금이 얼마 저금이 없었다.

너한테 필요한 가전을 사 주신대!

우리 엄마가

1인용 냉장고랑 세탁기, 전자레인지까지!!

다음 날

잠깐, 시간 괜찮아?

C의 어머니는 예전에 이혼을 한 뒤 주변 사람들에게 많은 도움을 받으셨고,

어제 엄마한테 네 이야기를 했거든. 그랬더니…

…뭐?

그렇게 비싼 걸 어떻게 받아!

쓰쓰미 너를 정말 좋아해. 그래서 도움이 되고 싶어.

나도 엄마도

이것이 C의 어머니 나름대로 그분들께 보답하는 길이라고 말씀하셨다고 했다.

이번에는 내가 도움이 필요한 사람을 도와줄 차례야.

나는 C와 아주머니의 애정을 느꼈고, 감사하게 가전을 받기로 했다.

정말 고마워! 감사하게 받을게!

나를 소중하게 생각해 주는 사람들이 있구나.

다른 사람에게 조금 더 편하게 기대도 되는구나.

괜찮지?

아니에요, 저한텐 정말 큰 거예요! 정말… 뭐라고 감사 인사를 드려야 할지 모르겠어요.

대단한 물건은 아니지만, 유용하게 쓰면 좋겠구나.

아주머니! 정말 감사합니다!

얼마 후, C의 어머니께 직접 감사 인사를 드릴 기회가 찾아왔다.

정말 감사 합니다

쓰쓰미, 너라면 괜찮아!

탁!

그날부터 이 말이 내 마음의 위로가 되어주었다.

'너라면 괜찮아.'

나는 대학을 졸업한 뒤, 새로운 집으로 이사했다.

엄마는 내가 살게 될 집을 미리 보고 싶다며 이사 당일에 찾아 왔다.

짐이 별로 없네.

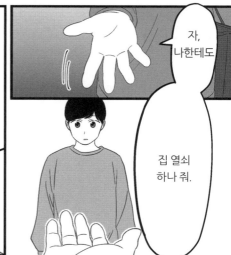

자, 나한테도

집 열쇠 하나 줘.

왜 줘야 하는데?

주면 안 돼! 여기서 열쇠를 주면 반드시 후회하게 될 거야.

두근
두근

…하?

여기 연대보증인은 나야. 네가 누구 덕분에 여기 살게 됐는데?

내 덕분 아니야?!

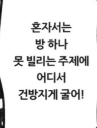

혼자서는 방 하나 못 빌리는 주제에 어디서 건방지게 굴어!

열쇠
안 내놓으면
너 고소할 거야!
빨리 내 놔!

나한테도
이 집 열쇠를
가질 권리가
있다고!

빨리!

내
놓으라고!

부들 부들

흐우 흐우…

앞으로는
너 감시하러
자주
와야겠다.

나 참…
이게 어디서
까불고 있어.

탁

찰랑

내가 열쇠를
안 줬더라도,
부동산에
전화해서
결국 손에
넣었을지도
몰라.

그럼, 차라리
처음부터
순순히 주는 편이
나중에 받을
데미지를
최소화할 수
있을 거야…

나는
엄마의
압박에
못 이겨
열쇠를
건네고
말았다.

또 올게.

쾅…

가전제품은 돌려주지 않아도 돼. 그 대신 열심히 일해서 많이 행복해지렴.

쓰쓰미, 취직 진심으로 축하한다.

너는 다른 사람들보다 훨씬 힘든 경험을 했으니까 그만큼 더 강하게 살 수 있을 거야.

이사 다음 날, C의 어머니가 사주신 냉장고와 세탁기, 전자레인지가 편지와 함께 도착했다.

나는 C 어머니의 편지를 계기로 앞을 향해 나아갈 것이라 결심했다.

엄마에게 지지 않고 반드시 내 행복을 손에 쥘 거야.

C 어머니의 따뜻함이 온몸에 스며들었고,

엄마로 인해 두려움에 떨고 있던 마음이 서서히 풀렸다.

앞으로만 나아가는 거야, 힘내렴!

너라면 괜찮다는 말이 이런 뜻이었구나….

제2장
연을 끊기까지의 길

취직을 하고 자취를 시작했다.
하지만 엄마는 집요하게 돈을 요구해 왔고,
나는 회사를 그만둘 정도로 한계에 내몰렸다.
결국에는 몸까지 움직일 수 없게 되고 말았다.

취
직

봄 무렵, 나는 한 회사에 일반 사무직으로 취직했고

일을 빨리 익히기 위해 열심히 노력했다.

한 달쯤 지난 어느 날

쓰쓰미 씨는 외동이랬지?

아, 네.

본가는 가까워? 부모님께 인사는 잘 드리러 가나?

적당히 둘러대면서 지내야겠다.

역시나, 정기적으로 본가에 가는 걸 당연하다고 생각하는구나….

R R R R …

더 자주 찾아봬야지! 외동딸이니까 부모님도 얼마나 걱정이 많으시겠어.

명절 때는 꼬박꼬박 가고 있어요.

아하하

그렇겠네요~

또 그놈의 돈 이야기 …

너, 슬슬 월급 탈 때 됐지?

이제 사회에 나갔으니까 나한테 돈 갚아야지!

우왓, 엄마잖아. 무슨 일이지?

여보세요.

72

…응? 교육비 대출? 갑자기 무슨 말이야?

네가 고등학생 때 받은 교육비 대출 상환할 돈, 나한테 보내.

끊겼네

교육 대출금이라니 무슨 소리지 …?

네 돈을 왜 내가 갚아야 하는데!

자, 잠깐만. 그런 얘기 들은 적 없는…

네 학비 때문에 빌린 돈이니까, 네가 갚아!

우리 집 옛날부터 가난했잖아? 너 고등학생 때 돈이 없어서 어쩔 수 없이 교육비 대출받았어.

나는 교육비 대출을 자녀가 갚는 게 맞다고 믿었고, 매달 엄마 계좌에 돈을 넣기 시작했다.

나 때문에 빌린 거니까 내가 갚아야겠지 ….

거짓말이 아니라는 사실을 알았다.

엄마

엄마는 '교육비 대출 신청서' 사진을 보내왔고

엄마한테 돈을 보내고 남은 걸로는 생활이 너무 힘들어…. 두 달에 한 번씩 입금하거나, 입금액을 좀 줄여줬으면 좋겠어…

도저히 이대로는 살 수 없어서 엄마에게 전화를 걸어 협상을 시도했다.

엄마에게 돈을 보내고 나면 금세 가난해졌다.

취직한 지 얼마 되지 않았기 때문에 아직 월급이 적었고,

전기가 끊겨 불이 안 켜짐

가스가 끊겨 찬물만 나옴

그러나 협상은커녕, 오히려 생활비까지 청구 당하고 말았다.

너만 힘들어? 나도 힘들어. 이 참에 내 생활비도 같이 보내!

너 때문에 빌린 돈이잖아! 왜 내가 부담해야 하는데?

오늘도 점심 거르자…

꼬르륵

쓰쓰미 씨.

그리고 결국 나는 더 이상 돈을 보낼 수 없게 되었다.

달칵

…트 언제 보낼 거야?

여보세요.

네에? 아…네!

어머니한테 전화 왔어요. 1번이에요.

너 때문이잖아! 네가 어떻게든 해야할 거 아니야!

나도 일하는 중에 교육비 대출 상환하라는 독촉 전화 받고 있어!

회사에 전화를 하면 어떡해!

쓰쓰미 씨.

여기 일하는 곳이잖아, 안 그래?

사적인 전화는 솔직히 곤란해.

톡

톡

엄마는 하루에도 수십 통씩 회사로 전화를 걸어 돈을 재촉하거나 나에 대한 험담을 늘어놓았다.

나는 아무 대답도 할 수 없었다.

…죄송합니다.

더 이상은 한계였다.

쓰쓰미 씨 외동딸이랬지? 좀 더 번듯한 사회인이 되어야 하지 않겠어?

어머니한테 얼마나 걱정을 끼쳤길래 이렇게 시도 때도 없이 전화가 오게 만들어?

저… 실은 요새 장학금이랑 교육비 대출 상환 때문에 생활이 빠듯해요.

일은 좀 익숙해졌어?

누군가가 내 고민을 들어주었으면 하는 마음에 다른 부서의 선배에게 상담을 해보기로 했다.

교육비 대출은 말이지…

교육비 대출은 쓰쓰미 씨가 상환할 필요 없지 않아?

응?

하지만 다른 사람들은 잘 상환하고 있겠죠…?

장학금은 자녀가 빌리고 자녀가 상환하는 제도였다.

교육비 대출은 부모가 빌리고 부모가 상환하는 것.

장학금

교육비 대출

그랬 더니

나는 선배의 이야기에 충격을 받았고, 그 말이 사실인지 직접 알아보았다.

엄마가 회사로 전화를 거는 일은 거의 없어졌다.

엄마에게 교육비 대출 상환 의무는 부모에게 있다는 사실을 알리자,

마음이 한결 가벼워 졌다.

교육비 대출 상환 의무가 없다는 사실을 알고 나니

내가 LINE 메시지를 읽고도 답장을 보내지 않으면, 장문의 문자까지 보내왔다.

네가 상황에서 벗어날 수 있을 것 같아?

왜 맨날 내가 부담해야 하는데?

돈 빨아먹는 기생충 같은 년.

너 같은 것 때문에 교육비 대출을 하다니, 내가 미쳤지.

고등학교 교칙을 어겨서라도 아르바이트해서 학비를 벌었어야지! 너만 편하게 살려고? 이기적인 년.

그 대신, 나에게 수도 없이 전화와 LINE 을 보내기 시작했고

엄마의 연락을 계속해서 무시했다.

그럼에도 나는 내 생활을 지키기 위해

효
도

가끔은
혼자서 술을
마시러 갔고,
그곳에서
만나게 된
사람들과
이야기하는
것도
즐거웠다.

나에게는
휴일이 되면
공연을 보거나
친구를 만나
나만의 시간을
만끽하는
여유도 생겼다.

건배!!

엄마가
직접
집에
찾아
오는
일은
없었고,

술김에
나도
모르게
말해
버렸고…

실은 별로
사이가 좋지
않아서…

사회
초년생이구나~
젊어서 좋겠다!
부모님은 잘
찾아뵙고 있어?

네?

뭐어~?
아직도 철이
덜 들었네!

살아계실 때 하는 게 효도야! 돌아가시고 나서 후회해 봐야 소용없다니까!

이러니저러니 해도, 부모님은 너를 세상에서 가장 아끼신다고.

그래! 자식이면 부모한테 효도해야지!

조금이라도 더 옆에 있어 드리고 부모님 은혜에 보답해야지.

외동딸이면 더더욱 자주 찾아봬야지.

내 상황을 모르고 하는 말이라는 걸 잘 알고 있었다. 하지만 상대방의 마음을 조금도 생각하려고 하지 않는 사람들을 향해 마음 속 깊은 곳에서부터 분노가 치밀어 올랐다.

이 세상의 부모 자식이 다 너희처럼 사이가 좋은 줄 알아?

웃기고 있네… 내가 엄마한테 그동안 학대받은 사실도 모르는 주제에….

나는 부모님이랑 연 끊었어요!

부모와 연을 끊었다는 사실을 당당하게 말하는 사람이 있었다.

옆자리에 앉은 사람과 대화하던 중 가정 환경에 관한 이야기를 하게 됐는데

이 날 모두 처음 본 사이

그러던 어느 날.

효도는 하고 싶은 사람이나 실컷 하라고 해요.

사이 좋은 척 하는 것도 지긋지긋 해요.

그러지 말고 지금이라도 관계를 회복하는 게 좋아요. 나중에 효도 못했다고 후회할 걸요?

!!

연을 끊었다고요? 대체 무슨 일이 있었는데요?

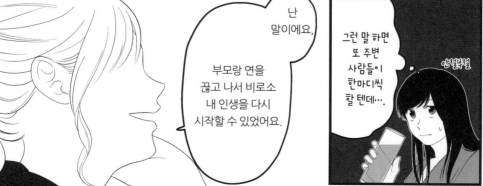

난 말이에요,

부모랑 연을 끊고 나서 비로소 내 인생을 다시 시작할 수 있었어요.

그런 말 하면 또 주변 사람들이 한마디씩 할 텐데….

안 될 부연

그 순간, 내 귀에는 오직 그녀의 말만 들어오게 되었다.

지금의 내가 진짜 나예요!

내 인생을 충실히 살고 있고 정말 행복하거든요!

엄마와 연을 끊으면… 나도 당신처럼 내 인생을 걸 수 있을까?

자기 인생이 다시 시작됐다는 말, 진심일까?

정말 인생이 행복해 졌을까?

작은 희망을 품을 수 있게 되었다.

이름도 묻지 못했지만, 나는 그녀 덕분에

나도 저 사람처럼 엄마의 속박에서 벗어날 수 있는 가능성이 있을지도 몰라….

열어
보지도
않았다.

하지만 내용을
확인해봐야
내가 상처
입을 거라는
걸 알고
있었기에

엄마는
어김없이
이틀에
한 번 꼴로
문자를
보내왔다.

그러던
어느 날.

휴대폰
진동이
아까부터 계속
울리네.

지잉!
지잉!

7:12

〈 알림   메시지

알림 표시

게다가 문자로
연락하는
사람은
엄마밖에
없었기 때문에
수신 알림도
꺼두기로 했다.

어머니한테
전화
왔어요.

급한 일인 것
같으니 얼른
연락드리세요.

쓰쓰미 씨!

혹시 급한
일이라도
생겼나?

요새는 이렇게 끈질기게
연락하는 일이 없었는데,
도대체 무슨 일이지?

헉!

엄마한테서
전화가
엄청 많이
왔네…

82

할머니…
방금
돌아가셨어….

째깍

째깍

째깍

장례식장 정해지면
다시 연락할 테니까…
너도 이쪽으로 와….

응…

이날,
몇 개월
만에
문자를
열었다.

할머니는
LINE
안 썼으니까…

안 받네…

할머니…

14:08
편집
메시지
검색
엄마
할머니
...응?
톡
할머니
잘 지내니?
한 달 전에 할머니에게서 문자가 와 있었다.
허억.
허억.
...아.
허억.

할머니에게서
답장이
오는 일은
없었다.

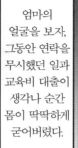

할머니의 장례식에 가기 위해 나는 고향으로 돌아갔다.

엄마의 얼굴을 보자, 그동안 연락을 무시했던 일과 교육비 대출이 생각나 순간 몸이 딱딱하게 굳어버렸다.

하지만 엄마는 아무 말도 하지 않았다.

쓰쓰미, 그새 많이 컸구나.

잘 지내니?

할머니도 분명 모두가 건강하게 지내길 바라고 계실 거야.

그래, 다행 이구나.

…저는 잘 지내요.

숙모, 오랜만에 봬요.

할머니,
뇌경색 오기 전까지는
같은 병실에
있는 분과
이야기도 나누고
건강해
보이셨다는구나.

간호사한테
이런저런
이야기
들었는데

그러고
나서는 다시
눈을
못 뜨셨고…

그런데

갑자기 머리가
아프다고 하시더니
바로 정신을
잃으셨나 봐.

나는 할머니가
오래 고통받지 않고
편안하게
천국에 가실 수 있어서
다행이라고 생각한다.

이런 말 하면…
매정하다고
생각할지
모르겠지만

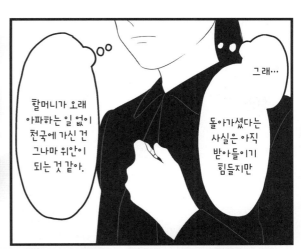

부디,
천국에서
편안하게
살아야 해….

지금까지
정말
고마웠어.

할머니,
답장
못해서
미안해….

할머니가 오래
아파하는 일 없이
천국에 가신 건
그나마 위안이
되는 것 같아.

그래…

돌아가셨다는
사실은 아직
받아들이기
힘들지만

부르릉…

내일은 좀
바쁠 것 같구나.
조금만 힘내자.

그래,
잘
자라.

네,
내일
봐요.

…응?
뭐가?

쓰쓰미,

네 숙모 말이야,
너무하다는
생각 안 들어?

…아닌데?

응?

할머니가 돌아가셔서 잘됐다고 말했잖아.

어떻게 그런 말을 할 수가 있어. 그것도 다 같이 있는 자리에서, 너한테 당당하게 말하다니.

숙모 말은

할머니가 오래 고통스러워하는 일이 없어서 다행이라는 뜻이었어.

할머니가 죽어서 다행이라니…

그런 말은 아무도…

아~ 너는 내가 아닌 숙모 편을 드시겠다?

쓰쓰미 씨.
어머니한테 전화 좀
그만 하시라고
할 수 없어요?

차라리 한동안
부모님댁에
가드리는 게
나을 것
같은데요?

할머니의
장례식이 끝나고
회사에 복귀하자,
엄마는
다시 회사로
전화 공격을
해대기
시작했다.

엄마

이 불효막심한 년!

결국 나도 너 때문에
죽을 거야.

네가
이 모양이니까
너 자취한다고
할 때
반대했던 거야!

왜 아직도
이번 달치 돈
안 보냈어?!

엄마의 폭언과
전화로 인해
정신적으로 더욱
피폐해졌고 결국
회사를 그만두었다.

더 이상은
무리야...

할머니의
죽음으로
우울에
빠져 있던
나는

96

지금 당장 나가 주세요.

어, 쓰쓰미! 너 어디 갔다가 이제 오는…

쏴아

일단 이 집에서 나가 주세요.

밖에서 얘기하죠.

방에서 잠깐 이야기 좀 하자….

뭐, 너 지금 뭐라고 했어?

그리고 갑자기 웬 존댓말? 하던대로 해….

나는 부모니까 들어올 수도 있지!

징그럽게

…마음대로 남의 집에 들어오지 마세요.

그러니까 직접 만나러 오는 수밖에!

내가 연락했는데 네가 답장을 안 줬잖아.

부모라도 이건 엄연한 불법 침입이에요.

왜 내가 연락하면 안 되는데?

하? 왜…?

애초에… 연락 같은 거 하지 마세요.

대체 이유가 뭐야?

꽈악

그리고 왜 그렇게 화가 나 있는 건데?

두 번 다시 연락하지 마세요.

나한테

엄마랑
같이 있어도

나는
행복해질 수
없으니까.

어째서야?
이유를 가르쳐 줘!

엄마가 이렇게까지
우는 건 처음 봐.

나는
처음으로
엄마에게
내
속마음을
말할 수
있었다.

지금까지
만나 온
사람들이
나에게
용기를
심어줬어…

피가
이어져 있지
않더라도
나를
아껴주는
사람들이
존재한다는
믿음이
있기
때문이다.

이렇게
용기를
낼 수
있었던
이유는
다른 곳에도
내 자리가
있다는
확신과

내
인생을
위해서…

그러나
나는
엄마와
연을 끊는
길을
선택했다.

하지만
결국
엄마는
그 길을
선택하지
않았다.

엄마도 분명
나처럼
부모와
연을 끊고
싶다는 생각을
한 적이
있을 것이다.

그리고 이것이 엄마와 만난 마지막 날이 되었다.

그 덕분에 겨우 정신적으로 안정되고 평온한 생활을 보낼 수 있었다.

내가 엄마의 연락을 계속 무시하자 엄마도 차츰 연락하지 않게 되었다.

연을 끊는다는 내 선택이 틀리지 않았음을 다시금 확인할 수 있었다.

으차, 오후도 힘내자!

떨지 않으려고 했지만, 한참 만에 온 엄마의 연락에 나는 마음속으로 극도의 공포를 느꼈다.

이제 와서 무슨 일이지…?

그런 생활을 1년 반 정도 이어가던 어느 날.

띠링

헉!

엄마한테서 문자가 왔잖아!

연락 오는 건 1년 반 만인가?

벌떡

아빠가 나를
만나고
싶어한다고…?

오랜만이다.
잘 지내니?

갑작스럽겠지만
쓰쓰미 네 아빠가
너를 만나고 싶어해.

쓰쓰미 너도 이제 성인이니까
아빠를 만날지 말지는
스스로 결정하면 될 것 같아…

이게 아빠 전화번호야.
010-…

내가
중학교 때
엄마를
따라
시청에
갔을
때였지.

아빠를
마지막
으로
만난
건…

뭐…엄마도
조금은
변한 걸까?

별로
기대는
안 하지만

예전 같았으면
그런 쓰레기를
뭐하러
만나냐고
화부터
냈을 텐데.

그것보다,
엄마 입에서
아빠를
만날지 말지는
스스로 결정하라는
말이 나오다니…

내가 엄마에게 가지는 감정과 똑같은 감정을 느낀 적이 있었는지?

아빠는 왜 엄마와 이혼 했는지,

나는 한번 더 아빠를 만나면 확인해 보고 싶은 것이 있었다.

아빠라…

진실을 알고 싶어.

지금처럼 아빠에 대해 모른 채 살고 싶지는 않아.

엄마의 말처럼 정말 형편없는 사람일까?

아빠는 어떤 사람일까?

나는 긴장되어 떨리는 손으로 아빠에게 전화를 걸었다.

아빠를 만나고 싶어. 아빠와 이야기하고 싶어.

나는 아빠와 전화로 이야기하기가 쑥스러워 LINE으로 메시지를 주고받자고 제안했다.

응? 아, 그럼. 쓰지!

…아! 혹시 아빠도 LINE 써?!

쓰쓰미니…? 잘 지냈니?

앗. 나, 쓰쓰미야.

으, 응.

잘 지내…

그렇구나… 다행이네…

네, 여보세요.

약속 당일.

아빠, 어디야?

어, 여기야!

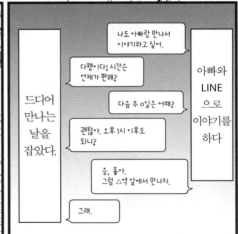

드디어 만나는 날을 잡았다.

아빠와 LINE으로 이야기를 하다

나도 아빠랑 만나서 이야기하고 싶어.

다행이다! 시간은 언제가 편괜?

다음 주 ○일은 어때?

괜찮아, 오후 1시 이후도 되니?

응, 좋아. 그럼 △역 앞에서 만나자.

그래.

그래?

아빠는…

이제 어엿한 숙녀가 다 되었구나….

쓰쓰미… 오랜만이다.

아빠는
패밀리
레스토랑으로
향했다.

그래,
좋아.

나 아직 점심
안 먹었는데
어디 들어가서
뭐 좀 먹을까?

늦었네!

아하하…

뭐라고?!

나랑 생각이
비슷해서
대화하기도
엄청
편하고….

만나기 전에는
엄청 긴장했는데,
이렇게 자연스럽게
이야기할 수 있다니
놀랍다.

시간이
가는 줄도
모르고
즐겁게
이야기했다.

우리는
서로의 일이나
취미, 친구,
휴일에 하는 일
등에 대해

엄마에게서
들은
이미지와는
많이 달랐다.

아빠는
눈물이
많고,
진지
했으며

쓰쓰미가
아빠라고
불러주는 게
너무 기뻐서…

헉!!

갑자기
왜 울어?

울
적
적
…

그래서
아빠는
말이야…

뭘 또
울기까지
해~

엄마한테 부탁할
서류가 있어서
LINE했었거든

역시
…

그랬구나.
지난번에 엄마가
너랑 LINE으로 연락이
안 된다고 하길래,
무슨 일이 있었나
했거든….

아니…

엄마랑은
잘 지내니?

…!

아빠는 왜
엄마랑 이혼했어?

음…
그렇구나
…

…

그게
무슨 뜻이야?
무슨 일이
있었던 거야?

마지막에는 전부
내 잘못이었어…

음…
이유는
여러 가지
있었는데

'이 세상에서
내 편은 쓰쓰미
밖에 없어.'

자주 그런
말을 했어.

누가 다가와도
먼저 밀어냈고,
아무와도
제대로 된 대화를
하지 못했지.

당시 네 엄마는
주변 사람들이 모두
적이라는 생각에
사로잡혀 있었어.

그런 네 엄마를
행복하게
해주고 싶어서
결혼했지.

물론 엄마를
무시하는 건
아니야

엄마는
옛날부터
불쌍한
사람이었어
….

…나도
아빠랑
똑같아.

할 수 있는 게
아무것도 없었고,
끝내 도망쳤어.
그러니까 모든 게
내 잘못이야
….

하지만, 결국
나는 엄마를
행복하게 해줄 수
없었어….

쓰쓰미, 너도 힘들었겠구나.

그렇구나…. 흐음, 어쩐지 알 것 같다.

부모 자식이니까 사이 좋게 지내야 한다고 생각할지 모르겠지만

나도 엄마랑 같이 있으면 점점 고통스러워져.

어떻게 할 수가 없어….

그리고 과거에 엄마에게 학대 받은 사실을 말할까 망설였지만, 이제와 사실을 알면 아빠만 더 괴로울 거라는 생각에 이때는 털어놓지 않기로 했다.

이혼의 이유를 확실히 알 수는 없었지만, 아빠도 엄마에게 나와 같은 감정을 가지고 있다는 것을 알았다.

아빠도 그랬잖아!

마지막으로 이것만큼은 꼭 말해주고 싶어.

쓰쓰미.

그럼, 아빠는 이만 갈게.

쓰쓰미,
건강하게
지내렴.
또 만나자.

응!
또 만나자.

오늘
아빠와
이야기를
하며
알았다.

나는
제대로 사랑을
받았다는 것과
아빠를 진심으로
좋아하고 있다는
사실을,

저주처럼
들렸던
엄마의 그 말이
자랑스럽게
느껴졌다.

'너는
네 아빠랑
똑같이
닮았어.'

엄마의 매도

띠링

어제는 고마웠어.

아빠한테서 LINE 왔네.

아빠와 만난 다음 날.

자세히 이야기하면 네가 불편해할 수도 있으니까 '잘 지내는 것 같았어. 일도 열심히 하고 있는 것 같아.' 이렇게 보내려고 하는데 어떠니?

하아…

그렇게 보내면 될 것 같아….

새삼스레 내 이야기는 들어서 뭐 하려고 ….

보내기

진짜?

실은 엄마한테서 어제 나랑 어떤 이야기를 했는지, 너는 어때 보냈는지 알려달라고 LINE이 왔어.

이런 내용이 길게 적혀 있었다.

'우리를 버릴 땐 언제고 이제 와서 쓰쓰미한테 접근하다니.' '쓰쓰미까지 속여서 길들이려는 거지?' '쓰레기 같은 자식.'

내가 내용을 궁금해하자, 아빠는 엄마가 보낸 글을 캡처해서 보내주었다.

이거 참… 엄마가 장문의 글을 보내왔어.

아하하…

그런데 잠시 후, 아빠한테 전화가 왔고 …

정말? 뭐라고 왔는데…?

118

엄마가 쓴
메시지를
보는
것만으로도
심장이
멈춰버릴 것
같았다.

자신은
만나주지
않으면서
왜 저런
자식을
만나느냐고,
참을 수
없는
거겠지…

그런데,
자기 딸이
전남편을
만나는
선택을 해서
분노하고
있는 거야.

엄마는
점점
무섭게
연락을
해오기
시작했고

나는
공포에 질려
전화를
받을 수
없었지만

부재중과
LINE이
수십 통에
달했다.

마치
무언가에
홀린
것처럼

엄마가 보낸,
열어보지
말아야 했을
메시지를
확인하고
말았다.

그리고
결국
내 몸은

실이
끊겨버린
것처럼
움·직일 수
없게 되었다.

첫

고
백

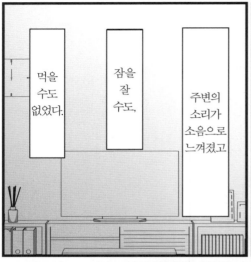

먹을
수도
없었다.

잠을
잘
수도,

주변의
소리가
소음으로
느껴졌고

눈물은
제멋대로
흘러
내렸다.

몸은
마음처럼
움직이지
않았고

이 말만
중얼
거렸다.

사라지고
싶다.

죽고
싶다.

나는
머릿속으로
계속해서

이렇게
갑자기
그만둬서
다른
사람들한테
피해나
주고
...

설거지도
안 했는데...
남자친구한테
또 혼나겠다.

모처럼
일에
보람을
느꼈는데....

나는 정말
형편 없는
인간이야
....

하지만
그 뒤로도
회사에 나갈
힘이 생기지
않았고
결국
퇴사를
선택했다.

겨우
회사에
연락을 했고
이틀간
유급휴가를
받았다.

122

엄마에게 말도 안 되는 일을 당했거든요.

그런데

실은 제가 어렸을 때 부모님이 이혼하셔서 엄마와 둘이 살았어요.

비난을 받을 거라고 생각했는데, 내 걱정을 해 주자 털어놓아도 괜찮지 않을까… 하는 생각이 들었다.

돈을 갚으라며 협박하고…

제 인간관계를 망가뜨리려고 하고…

목을 조르고…

칼로 위협하면서 나를 쫓아내고…

그때부터 갑자기 몸이 이상해졌어요….

제가 아빠와 만날 걸 알고는 엄마가 화가 나서 수도 없이 전화와 LINE을 보내왔어요….

최근에는 엄마와 연락을 끊고 살았는데,

나는 엄마와의 사이에 있었던 일을 모두 이야기했다.

너 같은 건 낳지 말았어야 한다는 말까지 들었어요….

지금까지는
학대이든 무엇이든,
다른 사람에게
이야기하는 것을
창피하다고 여겼다.

이렇게까지
다른 사람한테
엄마 이야기를
하는 건
이번이
처음이야.

'너는 아무 잘못 없어.'

과거의 일을 이야기한 것뿐인데
내 마음은 잠시나마 무척 가벼워졌다.

이야기하길
정말
잘했어...

하지만
전혀
창피한
일이
아니었다.

혹시나 하는 마음에 가까운 정신과를 찾아가 보기로 결심했다.

내 상태에 대해 검색했더니 '우울증'이라는 단어가 나왔다.

선배에게 이야기를 털어놓자 몸을 조금 움직일 수 있게 되었고

과거의 트라우마에서 오는 우울증 입니다.

그러자

정신과 선생님에게 내가 예전에 겪었던 일과 현재 몸 상태에 대해 설명했다.

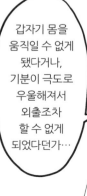

갑자기 몸을 움직일 수 없게 됐다거나, 기분이 극도로 우울해져서 외출조차 할 수 없게 되었다던가…

예전에도 이런 적 없었나요?

과거의 트라우마… 우울증…

역시…

128

고등학생 때 갑자기 몸이 안 움직여져서 학교에 못 간 적이 있었는데…

아… 그러고 보니…

이번에도 또 같은 상태가 돼서 새로 들어간 회사까지 그만뒀어요.

약을 처방해줄 테니 푹 쉬면서 천천히 기운을 회복해 보세요.

여기까지 오는 것도 힘들었죠?

그것도 전부 우울증이 원인이었을 겁니다.

네… 감사합니다.

그래도 조기에 발견해서 다행입니다.

기분이 들뜬 조증 상태와 무기력한 우울 상태가 반복되는 질환이에요

이야기만 들어 보면 쓰쓰미 씨는 양극성장애 (조울증)인 것 같아요.

동거하던 남자친구 에게도 내가 우울증을 앓고 있었다는 사실을 이야기했다.

그걸 이제 겨우 깨달았어.

나는 고등학생 때부터 우울증이 있었구나….

내가 지금까지 일하면서 우울증 때문에 일 그만두는 사람들을 몇 명 봤는데, 아니나 다를까 평소에도 게으른 사람 들이었어.

하지만

남자친구는 이해할 것이라 믿었다. 내 가정 환경을 이미 다 알고 있었으니까.

내각부

솔직히 일을 그만두고 싶어서 그럴싸한 이유를 갖다 붙인다는 생각밖에 안 들어.

… 무슨 말이 하고 싶은 거야?

한잔하러 나갔다 올게.

하지만 이날, 그것은 크나큰 착각에 불과했음을 깨달았다.

언젠가 멋진 남자가 나타나 나를 이 지옥에서 꺼내줄 거라 굳게 믿고 있었다.

이게 다 엄마 때문이야.

엄마 밑에서 자라서 내 인생이 이렇게 망가졌어.

엄마 때문에 형편없는 인간이 된 거야.

당시 나는 엄마에게 탓을 돌리지 않으면 마음을 가눌 수 없었다.

그리고 결국에는 제대로 되는 게 아무것도 없어...

회사도 오래 못 다니고 정신도 나약한 데다 남자친구한테 멋대로 환상이나 품고 있잖아.

지금의 내 모습은 왠지 엄마를 보는 것 같아...

나에겐 나를 아껴주는 사람들이 있고,

"쓰쓰미, 너는 혼자가 아니야."

생각하는 방식까지 엄마를 닮으면 정말 돌이킬 수 없다.

너 때문에… 아빠 때문에…

하지만… 나는 이걸로 괜찮은 걸까?

차악

더 이상 엄마 탓으로 돌리지 말자.

엄마와 같은 사고방식을 가져서는 트라우마를 극복할 수 없다.

과거의 트라우마는 엄마다.

"과거의 트라우마에서 오는 우울증입니다."

하지만 편한 길로 도망가면 아무 것도 바꿀 수 없다.

남 탓을 한다는 게 참 편한 거구나…

지금은 엄마의 마음을 조금 알 것 같아.

엄마 때문에… 안 돼, 안 돼. 방금 한 생각은 취소!

그때부터 '엄마 때문에' 라는 생각을 하지 않으려 노력했다.

일
기
치
료

약을 먹으며 쉬던 중이었다. 인터넷에서 트라우마 극복에 좋은 어떤 치료법을 알게 되었다.

일기 치료 …?

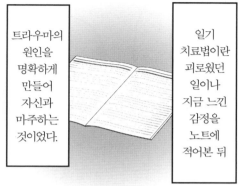

일기 치료법이란 괴로웠던 일이나 지금 느낀 감정을 노트에 적어본 뒤

트라우마의 원인을 명확하게 만들어 자신과 마주하는 것이었다.

엄마가 목을 졸라 고통스러웠다.
엄마에게
"너, 나를 돈줄'이라고 생각하는 거지?"라는
말을 들었다.
조금 반박을 했을 뿐인데,
엄마는 숨을 쉴 수 없을 정도로 내 배를 세게찼다.
"너 같은 거 낳지 말았어야 했는데" 라는
말을 들었다.

나는 가벼운 마음으로 노트 한 권을 꺼내 머릿속에 떠오르는 과거의 일들을 항목별로 써 보았다.

처음에는 눈물이 멈추지 않아

쓰는 것조차 고통 스러웠다.

이럴 수가…
이게 어쩌면 나에게 맞는 치료법일지도 몰라.

하지만 네 번 정도 쓰고 나자 마음이 조금씩 후련해지는 것을 느꼈다.

그들에게서
받은 마음이
저금통 속
동전처럼
내 안에
차곡차곡
쌓이고 있다.

이미
지금까지
나를
사랑해주고
아껴주는
사람들을
만나왔고,

언젠가 나를
있는 그대로 인정하는
사람이 나타나
이 지옥에서
꺼내주리라 생각했는데.
내 착각이었다.

내 인생도
조금씩
변하지 않을까?

그것을
내 마음의
밑거름으로
삼아서
살아간다면

다시
일할 수
있게
되었다.

비교적
무리를
하지 않는
파견직으로

반년 정도
후에는
우울증이
증상이
많이
호전되었고

그렇게
생각을
정리해
나가자
차츰
마음이
안정되었는지

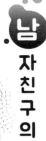

남
자친구의 감시

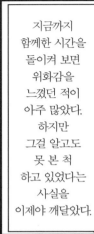

지금까지 함께한 시간을 돌이켜 보면 위화감을 느꼈던 적이 아주 많았다. 하지만 그걸 알고도 못 본 척 하고 있었다는 사실을 이제야 깨달았다.

애, 나보다 다리 두껍다.

왜 그런 말을 하는 거냐...?

쿡...

이게 말이 되냐?

이 셔츠도 클리닝 맡겨 줘

아, 응...

나는 가부장적인 사람이니까 집안 일은 전부 네가 해!

우울증을 계기로 남자친구와 서서히 거리를 느끼게 되었고

결국 헤어 지기로 결심했다.

... 헤어지자.

그래서,

할 말이 뭐야? 나 일하러 가야 돼. 빨리 말해.

그래서 나랑 헤어지고 싶은 거지?

딴 남자 생겼냐?

하!

쾅!!

136

널 벼랑 끝까지
몰아붙일 거야.
이 사회에서
살아갈 수 없게.

그 대신
철저하게
부숴 줄게.

덜덜

철저하게
부순다고
…?

벼랑
끝까지
몰아
붙인다고
…?

철렁

콰앙

돌변한
남자친구의
모습에
가슴이
두근거렸다.

남자친구는
일을 가서도
틈만 나면
내게 LINE을
보내왔다.

띠링   띠링

그의
성격상,
충분히
그렇게
하고도
남는다는
것을
알고
있었기
때문이다.

나는
남자친구의
말이
협박이라고
생각하지
않았다.

138

지금까지 쓴 밥값, 선물 비용, 여행 비용
포함해서 300만 엔 갚아.

도망칠 생각은 꿈도 꾸지 마.
지구 끝까지 쫓아가서라도 찾아낼 거고,
일도 못 하게 만들어 버릴테니까.

네가 다른 놈을 만나도
절대 행복할 수 없을 걸?
네 인생을 완전히 짓밟아줄게.

엄마다….

그러다 불현듯
어딘가 익숙한
말이라는
느낌이 들었다.

남자친구가
보내오는
협박
메시지에
심장이
으스러져
버릴 것
같았다.

모든 것이
엄마의
말이나
행동과
일치했다.

네
인생을
짓밟아
주겠어.

행복하게
놔두지
않을
거야.

돈
갚아.

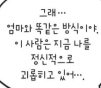

그래…
엄마와 똑같은 방식이야.
이 사람은 지금 나를
정신적으로
괴롭히고 있어….

엄마와
마찬가지로
지배하려고
했을 뿐이다…

그는
나를
사랑하지
않았다.

일하러
나간 지
여덟 시간이나
지났네.

하지만 만약
집으로 바로 온다면,
마음의 준비도
하지 못한 채
만나야 하는데….

보통은 퇴근하고
동료들이랑 술을
마시러 가니까,
집에
돌아오기까지
아직 시간이
있을지도 몰라.

섬뜩…!!

어쩌면
욱해서
나를
죽일지도
몰라…

다음엔
무슨 말을
듣게 될까?
정신적으로
더 몰아
붙이지는
않을까?

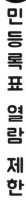

그러자 경찰은 바로 움직여 주셨고, 생활안전과 담당자에게 이후 절차에 관해 자세한 이야기를 들었다.

도움을 요청했다.

남자친구한테 협박을 받고 있어요.

나는 경찰서로 달려가

실은 옛날에 엄마한테 학대를 받았어요… 지금은 연락을 안 하고 지내요.

잠시 본가에 들어갈 수는 없나요?

이 LINE 내용도 증거가 되고요.

그 사람의 행동은 명백한 데이트폭력 입니다.

이렇게 생각하고 있지는 않을까? 내가 봐도 한심한데….

'학대하는 부모에게서 벗어난 다음엔 데이트폭력을 행사하는 남자친구라니…'

아… 그렇군요….

142

이 시간대면 남자친구가 아직 집에 없을지도 모른다고 하셨죠?

그리고, 집에서 나올 거면 지금 바로 짐 챙겨서 나오는 게 좋겠네요.

접근하시면 안 됩니다!

그럼, 내일 남자친구가 집에 있을 시간에 찾아가서 주의 통보 먼저 하겠습니다.

경찰서 차로 갑시다

거기서부터는 시간과의 싸움이었다.

상자는 이 정도면 되겠어요?

아, 네!

그러면 더 늦기 전에 짐 챙겨서 보호 쉼터로 갑시다!

준비 다 됐어요.

담당자분에게 전화를 걸자 집까지 데리러 와 주셨다.

쓰쓰미 씨는 남자친구와 마주치지 않도록 차 안에 계세요!

담당자분이 집까지 데려다 주심

꼭 필요한 것만 넣자!

빨리빨리!

남자친구가 돌아오기 전까지 집에 돌아가 짐을 싼 뒤

침대와 이불이 없어서 불편하시겠지만…

피곤하죠? 여기는 안전하니까 오늘 밤은 푹 주무세요.

네…

감사합니다

여기예요

그리고 그 길로 짐을 들고 보호 쉼터로 향했다.

지금의 나라서 다른 사람에게 도와달라고 말할 수 있었어.

하지만, 옛날의 나는 못했을 거야.

엄마랑 살 때도 지금처럼 도움을 바로 구할 수 있었다면….

오늘은 소파에서 자야겠다…

이렇게 쉽게 도망칠 수 있는 거구나….

경찰에 상담하고 나서 쉼터에 들어오기까지 시간이 정말 순식간에 지나갔네.

입주까지는 며칠 걸리기 때문에 그때까지 호텔에 머무르기로 했다.

관리회사

서명·날인 후 다시 발송

계약서 송부

짐은 쉼터에서 맡아 주셨음

다음 날, 담당자분께서는 단기임대주택을 소개해 주셨는데

나한테서 도망칠 수 있을 것 같아?

기필코 부숴버릴 거야.

그러나 쉴 틈 없는 남자친구의 메시지에 불안한 마음으로 밤을 지새웠다.

진심으로
한 말은 아니라고,
무섭게 해서
미안하다고
하더군요.

감사합니다.

쓰쓰미 씨,
남자친구…
아, 전 남자친구의
집에 찾아가서
구두로
주의시켰
습니다.

경찰을
보고
겁먹었을
그를
상상하니
우습게
느껴졌다.

그렇
겠죠.

경찰이
와서
겁을 먹은
거겠죠.

진심이
아니었다는
말은
나중에
얼마든지
할 수
있으니까요.

하지만 원래
일반적인
사람이라면
말로
협박하지
않아요.

통상적으로
단기임대주택 주소는
주민등록표에 등록할 수 없지만,
담당자분이 시청 직원에게
사정을 설명하자
장기 거주라는 형태로
주소를 인정받을 수 있었다.

아… 이제
무섭지 않아.

담당자분과
함께
시청에
갔다.

그 후, 나는
단기임대주택을
계약하기로
했고

엄마도
넣어주시면
좋겠어요!

전 남자친구가
주소를
알 수 없도록
주민등록표
열람 제한을
걸려고 하는데,
제한 대상에
넣고 싶은
사람이
또 있나요?

저…

이걸로
절차는
모두
끝났네요.

바로
접수해
주셨다.

시청
직원분께
나를
지속적으로
학대한
엄마도
대상에
넣어달라고
말하자,

최근에는
경찰이
개입하지 않아도
본인이 시청이나
구청에 가서
사정을
잘 설명하면
쉽게 걸 수
있어요.

옛날에는
제한을 걸기
어려웠지만,

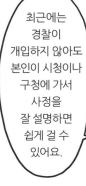

이번
데이트
폭력 건과
별도로

엄마만
주민등록표
열람 제한 대상에
넣는 것도
가능한가요?

지식은 좋은 성적을 얻기 위해서만이 아니라, 나 자신을 지키기 위해서도 필요한 것 같았다.

그런 제도를 조금 더 빨리 알았더라면, 나도 더 안심하고 지낼 수 있었을까?

그렇군요 ....

쓰쓰미 씨 같은 사람을 지키는 게 저희의 역할이니까요.

또 무슨 일 있으면 언제든지 연락하세요.

도와주셔서 정말 감사합니다.

이렇게 해서 나는 또 다른 폭력에서 벗어나 새로운 삶을 향해 한 발짝 내디딜 수 있었다.

네, 고맙습니다!

제3장
행복으로 가는 길

단기임대주택의 1인용 침대.
나를 돌아볼 수 있는, 귀중한 시간.
엄마와 거리를 두고 안정된 생활을 하는 사이
새로운 세계가 펼쳐지는 것을 느꼈다.

남자친구와 헤어지고, 그와 엄마에게 주민등록표 열람 제한을 걸어둔 뒤에

단기임대 주택에서 혼자 사는 생활이 시작되었다.

저금한 돈이 얼마 남지 않아 파견직으로 일하며 겨우 생활을 이어갔다.

쏴아...

끼익...

그리고

털썩

엄마는
내가
사는 곳을
모르고,
전 남자친구의
구속에서도
벗어났다.

평온하다….

드디어 iPad
데뷔!

일기 치료법의
일환으로
그리기 시작한
만화도 다시
그려나갔고
이맘때쯤
블로그도
시작했다.

'자유'라는
소중한 것을
손에 넣은 덕분에
드디어 나를
돌아볼 수 있는
시간이 생겼다.

나를 위해 뭔가
투자해 볼까…

인스타그램에
만화를 올리자
많은 분들이
댓글을
달아주셨다.

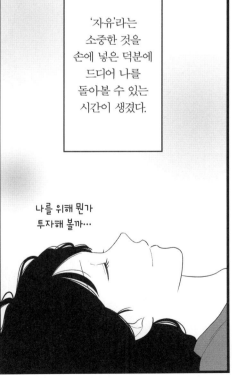

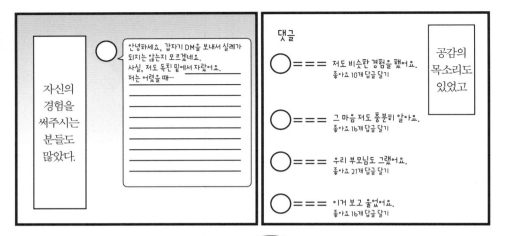

자신의 경험을 써주시는 분들도 많았다.

안녕하세요. 갑자기 DM을 보내서 실례가 되지는 않는지 모르겠네요.
사실, 저도 독친 밑에서 자랐어요.
저는 어렸을 때…

댓글

저도 비슷한 경험을 했어요.
좋아요 10개 답글 달기

그 마음 저도 충분히 알아요.
좋아요 16개 답글 달기

우리 부모님도 그랬어요.
좋아요 21개 답글 달기

이거 보고 울었어요.
좋아요 16개 답글 달기

공감의 목소리도 있었고

세상에는 독친 밑에서 자란 사람들이 이렇게나 많구나….

댓글과 DM을 읽고 있으면

나와 비슷한 환경에서 자란 사람들도 있고, 아예 다른 사람들도 있었다. 이를 통해 독친의 종류 또한 다양하다는 것을 깨달았다.

사람마다 받아들일 수 있는 크기도 생각도 다르므로 비교할 수 없다

괴롭다는 감정은 다른 사람과 비교할 수 있는 것이 아니며,

이렇게 남겨 주시는 분도 있었는데

가끔

쓰즈미 님의 부모님처럼 심하지는 않지만, 저도 괴로운 환경에서 자랐어요….

새로운
댓글이
달렸네.

,',' 앙

하는
생각이
들었다.

각자
자신의
감정을
존중하는
것이
중요하지
않을까

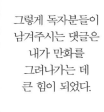

그렇게 독자분들이
남겨주시는 댓글은
내가 만화를
그려나가는 데
큰 힘이 되었다.

===

제 감정을 대변해주시는 것 같아서 많은 위로를
받았어요.
만화를 그려 주셔서 감사합니다.
앞으로도 응원할게요.

내 만화로 위로받는
사람이 있구나….

저야말로 정말
감사합니다.

쓰쓰미, 요새는 어떻게 지내?

대학 시절의 친구로부터 연락이 와서 만나기로 했다.

다이어트 열심히 했거든!

D야, 너 더 예뻐진 것 같은데?

단기임대 주택에서의 생활에 익숙해졌을 무렵

헉! 왜?

실은…

나, 얼마 전부터 단기임대 주택에서 살기 시작했어!

그리고 엄마와 전 남자친구를 주민등록표 열람 제한 대상에 넣었다는 사실을 이야기했다.

친구에게 엄마로 인해 내가 우울증에 걸렸다는 것과 전 남자친구와 있었던 일들,

154

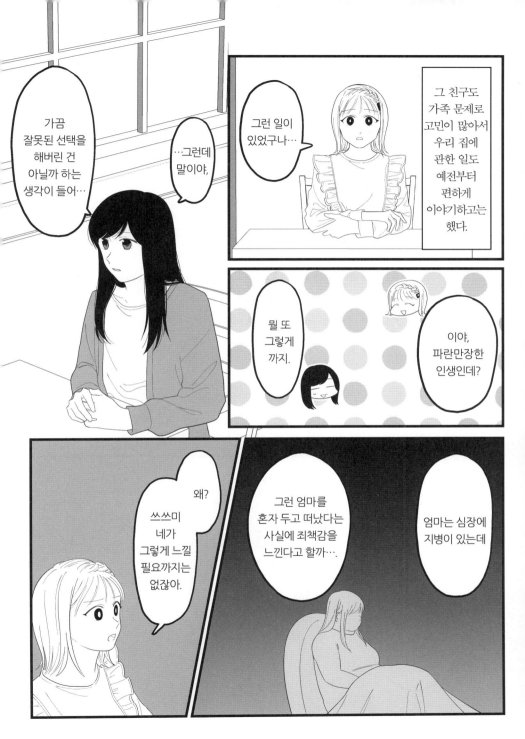

아니,
전혀.

어?

지금부터 다시
엄마랑
함께 산다면
잘 지낼
자신 있어?

그럼,

봐, 그게
답이야.

엄마한테서
벗어나는 거였잖아!

네 꿈은

어렸을 때부터 항상 엄마에게서 벗어나기를 간절히 바라고 있었다.

·······

그래, 나의 꿈.

나는 내 인생을 걸어갈 것이다.

그러네… 나, 내 자신을 믿을래.

어렵게 그 꿈을 잡았는데

또다시 엄마에게 돌아가려고 했어…

나는 앞으로 절대 엄마와는 연락을 하지 않겠다고 결심했다.

내 인생은 내가 생각해야 한다.

엄마의 인생은 엄마가,

그리고 죄책감을 느끼지도 말자.

더 이상 엄마의 인생까지 생각하지 말자.

좋아하는
뮤지션이 같음!

조금씩 거리가
가까워졌고
어느새 사귀는
사이가 되었다.

5~6년쯤 전부터
같은 뮤지션의
라이브공연에서
자주 마주치는
사람이 있었는데,

함께 있으면
나를 꾸미지
않아도 돼서
나 자신을 더
좋아할 수
있게 되었다.

남자
친구와의
생활은
무척이나
즐거웠다.

흥이 나면 금세
춤추기 시작하는
두 사람

나는
남자친구가
사는
집으로
이사를
했다.

단기임대주택

그러다가
자연스레
결혼
이야기까지
나오면서
함께
살기로
했고,

설마 내가 이렇게
먼 곳으로
이사했을 거라고는
생각도
못 하고 있겠지.

여전히
변한 게
없네….

제발 돌아와.

미안해.

할아버지가 몸이 안 좋으셔서
내가 돌봐드려야 하는 상황이 됐어.

너는 싫은 일에서 도망칠 수
있어서 참 좋겠다?

너 때문에 내 인생은
엉망진창이 됐어!

한편,
이사한
뒤로도
가끔
엄마
에게서
연락이
왔다.

실은…
나, 어렸을
때부터
엄마한테
학대를
당했어.

그러던
어느 날,
서로
어린 시절
이야기를
하다가
나는 드디어
엄마와의
일을
이야기했다.

하지만
그에게
엄마에 관한
이야기는
좀처럼
꺼낼 수가
없었다.

그래서 지금
엄마는 내가
어디 사는지
모르는데,
가끔씩
연락이 와….

지금에
이르기까지
있었던
일을
털어놨다.

나는
엄마에게
지속적인
폭력과 폭언,
지나친 간섭,
속박,
인간관계
지배를
받았다는
사실과

응?

응?
뭐가?

그, 그게
다야…?

태 연

그렇구나
~

순탄한 인생은
아니었네!

딱히?

쓰쓰미 너랑 너희 어머니는 별개의 사람이잖아. 그러니까 상관없는 거 아니야?

뭐, 그런 생각은 안 들어?

그런 부모가 있는 사람이랑 결혼해도 괜찮을까? 라거나.

괜찮아~! 쓰쓰미 네가 어디 사는지도 모르신다며.

…

우리 엄마한테는 안 했으면 좋겠어! 하지만 나중에 들키면 좀 시끄러워질지도 몰라….

그래도 결혼한다는 인사는 드려야 하나?

무엇보다 나를 있는 그대로 바라봐 주었다는 게 정말 기뻤다.

이 사람한테 괜찮다는 말을 들으면 정말 괜찮아지는 것 같아.

솔직히 말하면 괜찮다는 남자친구의 싱거운 말에 맥이 풀렸다. 하지만 그 말 덕분에 마음이 편안해지기 시작했다.

그의 부모님께서는 만날 때마다 따뜻하게 맞아주셨다.

처음에는 긴장도 했지만,

그후 나는 남자친구의 부모님께 식사 초대를 받아 댁을 방문하게 되었다.

남자친구의 본가에 놀러 가는 것이 즐거워졌다.

나는 차츰 아늑함을 느끼게 되었고

게다가 그의 부모님께서는 내 블로그도 읽어 주셨다.

쓰쓰미의 블로그

엄마에게서 벗어나 나를 찾을 때까지

1

독친

다음화 보기

엄마에게서 벗어나 나를 찾을 때까지

2

독친

다음화 보기

내가 자란 가정 환경에 대해서는 내가 없을 때 남자친구가 가볍게 말씀드렸다.

내가 이렇게 다정하고 따뜻한 가정에 들어갔다고 생각하니 진심으로 행복했다.

이런 나를 받아주셨어 ....

쓰쓰미, 우리는 너를 친딸처럼 생각한단다. 그러니 너도 편하게 대해주면 좋겠구나!

이 가족의 구성원이 되고 싶다고 느꼈다.

나는 당연히 남자친구를 정말 좋아했지만, 그의 가족들까지도 진심으로 좋아하게 되었다.

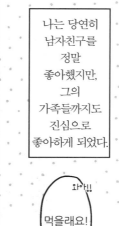

군고구마 먹을래?

쓰쓰미 네가 좋아하는 호박 고구마란다.

와앙!! 먹을래요!

솔직히 가정을 꾸린다는 것에 소극적이었지만, 그의 가족이 내 마음을 채워주셨기에 내 생각도 점점 바뀌어갔다.

제가 호박 고구마 좋아하는 걸 기억해주시다니 기뻐요!

당연히 기억하고 있지~

쓰쓰미, 우리 결혼하자.

응, 좋아.

드디어 내 인생을 걸고 있음을 실감했다.

나는 엄마가 내가 사는 곳을 모르고 연락도 할 수 없다는 사실에 더할 나위 없는 안심과 해방감을 느꼈고,

그의 부모님께도 결혼하겠다고 말씀드렸다.

축하한다!

남자친구에게 정식으로 프로포즈를 받았고,

임신 사실을 알았다.

남자친구 모님께도 말씀드림!

나, 임신했어!

정말?

그 날 밤, 놀랍게도

나는 입덧이 심한 탓에 누워지내는 날이 많았다.

혼인신고서

그 후 우리는 혼인신고를 했고

인터넷에서 독친의 대물림은 끊을 수 있다는 기사를 보면 안심하다가도

휴우...

나도 모르게 아이한테 상처를 주면 어떡하지?

...하지만 장담할 수는 없겠지?

나는 엄마처럼 되지 않을 거야.

하지만, 입덧 중에도 나 역시 독친이 되어 버릴지 모른다는 고민은 계속되었다.

다름 아닌 남편의 말이었다.

엄마는 엄마고, 너는 너잖아.

그래도 그런 상황에서 위로가 되었던 것은

내 머릿속의 갈등은 지금도 이어지고 있다.

부모와 똑같은 짓을 저지르고 말았다는 사람의 댓글을 읽으면 극도의 불안이 엄습했고

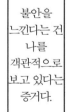

그것이 엄마와 나의 큰 차이다.

불안을 느낀다는 건 나를 객관적으로 보고 있다는 증거다.

학대라니, 불쌍해라....

엄마는 자신이 독친이라는 자각도 없었고, 의심조차 하지 않았다.

계속해서 그렇게 생각하자 조금씩 불안이 가시기 시작했다.

나는 혼자가 아니야. 나는 엄마와 다른 사람이야.

무엇보다 내 주변에는 많은 사람이 있어. 당연한 사실이지만 육아는 혼자서 하는 것이 아니야. 육아야말로 주변 사람들과 함께하는 힘이 중요한 거야.

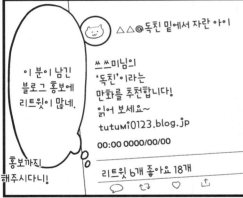

이 분이 남긴 블로그 홍보에 리트윗이 많네.

홍보까지 해주시다니!

△△◎독친 밑에서 자란 아이

쓰쓰미님의 '독친'이라는 만화를 추천합니다! 읽어 보세요~ tutumi0123.blog.jp

00:00 0000/00/00

리트윗 6개 좋아요 18개

트위터에도 많은 분들이 댓글을 달아 주시는구나…. 감사하다…

그러던 어느 날.

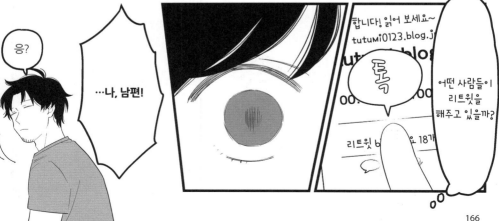

응?

…나, 남편!

합니다! 읽어 보세요~ tutumi0123.blog.j

톡

어떤 사람들이 리트윗을 해주고 있을까?

리트윗 6... 18개

그 계정의 ID는 엄마가 예전에 사용하던 메일 주소와 같았고, 계정의 이름도 엄마의 닉네임이었다.

팔로우

이거…

응? 아는 사람 이야?

이것 좀 봐….

@□□□□

옛날부터 ××군 좋아했어요! ××군 팬끼리 연락하고 지내고 싶어요.

우리 엄마야!

누구?

팔로우 200 팔로워 150

××군은 엄마가 좋아하는 아이돌 이름이거든…

만화를 읽으면 분명히 자기 이야기라는 걸 알텐데…

원한이라도 사면 어쩌지…?

그런 것 같아…

리트윗을 했다는 건 쓰쓰미가 그린 만화라는 걸 알고 있다는 뜻인가?

어머니일 가능성이 상당히 크네….

엄마가 우리집을 알아낸 것 같아!

어떡하지?

그러나 며칠 후…

걱정 마

주소도 연락처도 모르니까 괜찮을 거야!

응…

우왓…

□□□
@□□□□

○○현 △△시에 사는
XX군 팬
연락주세요♡

00:00 0000/00/00

그게 아니면, 뭐하러 굳이 장소까지 콕 집어서 남기겠어…?

△△시에 사는 팬들하고 이어져서 나한테 접근하려고 하는 걸지도 몰라…

△△시면 여기잖아…?

나는 조금씩 엄마라는 존재에 공포를 느끼기 시작했다.

갑자기 집에 쳐들어 오지는 않을까? 근처에서 숨어서 기다리고 있으면 어떡하지?

이사 후 새로운 주소의 주민등록표 열람 제한 신청을 잊어버린 것이 화근이었다. 우리는 이것 때문에 엄마가 지역을 특정한 건 아닐까, 하고 추측했다.

무서워…

너무 걱정하지 마

선배에게 엄마의 일을 상담했다.

야… 고 블로그의 엄마?

그러던 어느 날, 친한 선배와 밥을 먹으러 간 자리에서

이사한 뒤 잠시 파견직으로 일한 회사에서 알게 된 선배

전혀 다른 사람이었구나…

밖에서도 엄마와 닮은 사람의 모습을 보면 숨듯이 도망쳤다.

나는 무사히 아이를 낳았다.

건강한 남자 아이예요!

결국 엄마가 연락을 하거나 찾아오는 일은 없었고 출산 전까지 안정적인 시간을 보냈다.

태어 났습니다!

그리고 봄이 되었고

처음 해보는 육아에 정신 없는 일상을 보내게 되었지만 아기는 무럭무럭 자랐다.

섰어!

섰다!

바들

바들

어서 밥 먹으렴~

감사 합니다

사랑해~!

배고픈 건가…?

전혀 그칠 생각을 안 하는데)…?

흔들

흔들

출산 후에는 시댁에서 몸조리를 하며 육아를 시작했고,

요새는 매일 이러네~

조금 혼났다 싶으면 바로 드러누워버리고…

또 시작이군…

싫어 싫어 싫어

란창:때쓰는거시끼리심

책상 위에 올라가면 안 돼! 위험해!

부모가 되어 처음 알게 된 것도 많았다.

그런데 엄마는 일하면서 나를 혼자 키웠어… 많이 힘들었겠지…?

보통 누군가의 도움 없이는 해나갈 수가 없어.

다치면 아야아야 하잖아?

혼자서 아이를 키우는 건, 정말 무리야….

나는 할아버지한테 그렇게 자라서 너를 키우는 방법도 그것밖에 몰라.

하지만 나에 대한 엄마의 폭력을 정당화하며 수도 없이 나에게 상처입힌 것을 생각하면 가슴이 너무 아팠다.

세상에는 엄마처럼
자신의 아이에게 상처를 주는
부모가 존재한다.
엄마도, 그 사람들도 모두
누군가의 도움이
필요했을지도 모른다.

아무리
힘들어도,
바르게 키우는 법을
모르더라도,
엄마가
한 짓은 절대
용서받을 수
없어.

그걸 깨닫지
못하는 엄마는
가여운
사람이었어.

엄마한테 와

엄마도
언젠가
깨닫게
되는 날이
올까.

주변에
도움을
구하는 것은
창피한 일이
아니었다.

엄마가 주변에
도움을 구할 수 있었다면,
주변 사람들이 엄마에게
손을 뻗어주었다면
엄마와 나의 관계는 달랐을까?
이따금씩
그런 생각이 들고는 한다.

좋은
냄새…

전부 자신의 탓이라고 생각한다

저 사람이 한 말도 전부 맞아 다 내 잘못이야

난 왜 이렇게 쓸모없는 인간일까

싫다는 말을 하지 못한다

아…… 네…… 저거 좀 해 줘

괴로워도 그냥 참는다

힘들다…

그래도 힘내야 해…

나는 독친 밑에서 자란 탓에 나도 모르게 참는 것이 습관이 되었고, 자기긍정감도 낮아져 있었다.

불만이 있으면 커지기 전에 이야기한다

이렇게 해주면 좋겠어

피곤할 때는 손을 놓거나 다른 사람에게 부탁한다

남편과 집안일·육아를 분담

피곤하다… 오늘은 그냥 대충 먹자!

바로 상담한다

…이럴 땐 어떻게 하면 좋을까요?

그럴 땐~

아이 일로 상담을 좀 하고 싶은데요

보건사 선생님!

하지만 이대로는 안 되겠다고 생각했고, 참지 않으려고 노력하거나

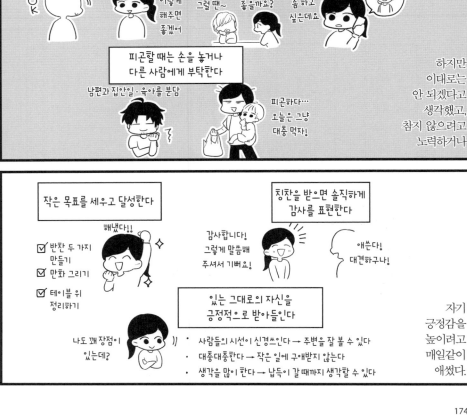

작은 목표를 세우고 달성한다

해냈다!!

☑ 반찬 두 가지 만들기
☑ 만화 그리기
☑ 테이블 위 정리하기

나도 꽤 장점이 있는데?

칭찬을 받으면 솔직하게 감사를 표현한다

감사합니다! 그렇게 말씀해 주셔서 기뻐요!

애쓴다! 대견하구나!

있는 그대로의 자신을 긍정적으로 받아들인다

• 사람들의 시선이 신경쓰인다 → 주변을 잘 볼 수 있다
• 대충대충한다 → 작은 일에 구애받지 않는다
• 생각을 많이 한다 → 납득이 갈 때까지 생각할 수 있다

자기 긍정감을 높이려고 매일같이 애썼다.

점점
자신감이
생겼고
나 자신을
좋아하게
되었다.

그렇게
생활해
나가면서

내가
어떤 성격을
가진
사람이
었는지
실감할 수
있게 되었다.

이게 진짜
나였구나…
나는 이렇게 밝은
성격을 가진
사람이었구나!

어떻게 해야 내가
행복해질 수 있을까?
라는 질문을
항상 스스로에게 던지며
내 마음을 들여다볼 수
있게 되었다.

소중한 사람들과의
행복한 시간을
만끽하며 나는
오늘도 나답게
살아가고 있다.

까꿍!

까르르르

있는
그대로의
내 모습으로
나아가기
시작한
새로운 인생.

엄마와 마지막으로 만난지 5년 이상이 흘렀다.

어서 오렴

저희 왔어요~

엄마는

아하하하

아빠 때문에, 아빠가 집을 지었으니까 나는 여기서 도망갈 수 없어…

내가 미쳤지. 저딴 놈이랑 결혼만 안 했어도 이렇게 비참하게 살고 있지는 않을 텐데…

언제나 혼자였다.

하지만 그 모습이 본래의 엄마였다고는 생각하지 않는다. 왜냐하면 엄마도 독친 밑에서 자란 피해자이니까.

엄마는 벽에 부딪치면 생각하기를 포기했다. 안 좋은 일이 생기면 항상 남을 탓했다.

더 이상 아무것도 생각하고 싶지 않아 …!

어떻게 하면 좋을지 모르겠어 ….

너 때문에 내 인생이 엉망진창이 됐잖아!

되도록 생각 하지 않으려고 했겠지.

생각해 봐야 괴로울 뿐이니까

그 원인을 스스로도 알 수 없어서

인생이 순탄하지 못해서

나도 독친 밑에서 자랐으니까.

그 마음 알아.

뭐든지 다른 사람의 탓으로 돌리지 않으면 버틸 수 없었겠지.

나는 당신과 같은 인생을 걷지 않기로 결심했어.

하지만,

나를, 그리고 다른 사람을 구할 수 있는 다양한 답이 있다고 믿으며, 생각하기를 멈추지 않을 거야.

앞으로 내 앞에 어떤 실패나 좌절이 찾아와도 다른 사람을 탓하지는 않을 거야.

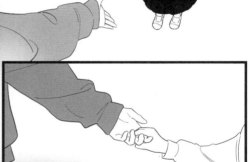

다행이다.

나도 힘 낼게.

지금, 나는 정말 행복해.

엄마, 나를 낳아줘서 진심으로 고마워. 엄마 덕분에 다른 사람의 마음을 훨씬 더 많이 헤아릴 수 있는 사람으로 자랄 수 있었어.

연을 끊지 않았다면 엄마에게 고마워하는 날은 절대 오지 않았을 것이다.

하지만 그렇게 생각할 수 있게 된 것은 엄마와 연을 끊었기 때문이다.

다만
한 가지
바라는 게
있다면,

엄마를
만날 생각은
없다.

나는 더 이상

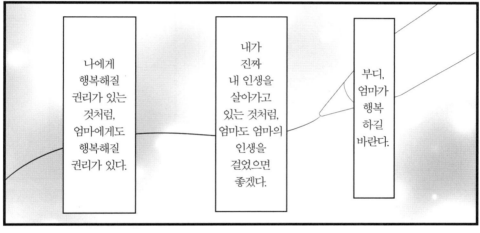

나에게
행복해질
권리가 있는
것처럼,
엄마에게도
행복해질
권리가 있다.

내가
진짜
내 인생을
살아가고
있는 것처럼,
엄마도 엄마의
인생을
걸었으면
좋겠다.

부디,
엄마가
행복
하길
바란다.

치유되는 날이
오기를
나는 멀리서 바라고
있을 것이다.

엄마의
마음속에
자리한,
깊은 상처를 입은
어린 시절의 엄마가

에
필
로
그

이런 고민을
하고 있는
분들도
적지 않을 것
같습니다.

독친에게서 벗어나고 싶지만
좀처럼 행동으로 옮길 수가 없다.
나는 의지가 약하다.
무섭다.
벗어날 수 있을 리가 없다.

저와
마찬가지로
지금도
독친에
시달리는
분들
중에는

행동으로
옮길 수 있는
타이밍도
각자
다릅니다.

저마다
자신만의
감정과
시간이
있고

하지만
행동으로
옮기지 못하는
자신을
탓할 필요는
없다고
생각합니다.

그러니 그때가 올 때까지
'나는 분명 행복해질 수 있다'고
믿으며 열심히 살아가시면 좋겠습니다.
살아가는 것만으로도 모두 대단하니까요.

그
타이밍은
지금
당장일
수도
있고

조금 더
나중일
수도
있습니다.

182

늘 혼자서 버티는 방법밖에 없다고 생각했습니다.

믿을 수 있는 사람 따위 없다고,

스스로 주변을 멀리 했습니다.

저는 저를 이해해주거나 받아주는 사람 따위는 없을 거라고 생각했고

하지만

여러분이
자신을
포기하지
않는 한,
분명
여러분을
응원해주는
누군가가
있습니다.

세계는
무척 넓고
많은
사람이
있으며

그 사실을
저는 겨우
깨달았습니다.

저를
한 사람으로
봐 주기를
원했습니다.

저는
항상
엄마가

엄마
자신을
더
존중
하기를
바랐
습니다.

그리고
엄마도

저 자신을
존중해
주기를
바랐습니다.

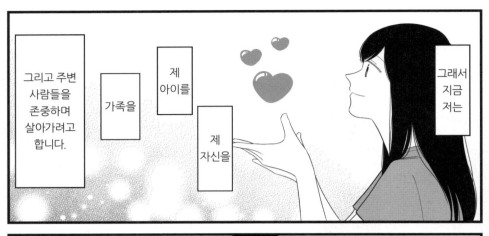

그래서 지금 저는

그리고 주변 사람들을 존중하며 살아가려고 합니다.

가족을

제 아이를

제 자신을

제가 지금 길을 헤매지 않고 갈 수 있는 것은

주변의 사랑이 있었기 때문 입니다.

다른 사람의 마음을 잘 받아 들일 수 있는 사람으로 살고 싶습니다.

모두 고마워요.

절대 오지 않으리라 생각했던
밝은 미래를
지금, 저는 살고 있습니다.

지금까지 응원해주신
모든 분들께 감사드립니다.

-쓰쓰미 드림-

엄마에게서 벗어나 나를 찾을 때까지 **독친 3**

초판인쇄 2023년 07월 30일
초판발행 2023년 07월 30일

지은이 쓰쓰미
옮긴이 일본콘텐츠전문번역팀
발행인 채종준

출판총괄 박능원
국제업무 채보라
책임번역 김예진
책임편집 조지원
디자인 서혜선
마케팅 문선영 · 전예리
전자책 정담자리

브랜드 타래
주소 경기도 파주시 회동길 230 (문발동)
투고문의 ksibook13@kstudy.com

발행처 한국학술정보(주)
출판신고 2003년 9월 25일 제 406-2003-000012호
인쇄 북토리

ISBN 979-11-6983-397-4 17330
      979-11-6801-988-1 17330 (set)

타래는 가족 갈등에 관한 도서를 출간하는 한국학술정보(주)의 출판 브랜드입니다. 타래란 '엉킨
타래를 푼다'는 의미로, 얽히고설킨 실타래를 풀어 진정한 가족의 의미를 찾아 나간다는 뜻을 담
고 있습니다. '가족 갈등'이라는 매듭에 묶여 길을 잃지 않도록, 더 아름답고 가치 있는 책을 만들
고자 합니다.